恋愛のアーキテクチャ

編著
櫻井圭記
濱野智史
小川克彦

平野啓一郎
赤坂真理
金益見
木村亜希

青弓社

恋愛のアーキテクチャ　目次

第2部　恋愛を考える

恋愛の場所

金益見 135

ＡＫＢ48と恋愛――なぜ恋愛よりもＡＫＢにハマってしまうのか　濱野智史　167

あとがき　櫻井圭記　193

写真――青山裕企「Thighs (From the Side)」
装丁――大原真理子／和田悠里［スタジオ・ポット］

はじめに

もし『カサブランカ』のリックがネットにはまっていたら

小川克彦

『カサブランカ』とはもちろん映画のことだ。ハンフリー・ボガート（配役名はリック）とイングリッド・バーグマン（イルザ）主演で一九四二年に公開された不朽の名作である。ロマンチックラブを語るときに誰もが思い浮かべる映画だろう。

このリックとイルザは第二次世界大戦下、フランス領であるモロッコのカサブランカで思いがけず再会してしまった。実はこの二人、ドイツ軍が侵攻する前のパリで愛し合っていた仲なのだ。パリ陥落の直前、二人はパリを脱出するためにリヨン駅で待ち合わせをしたのだが、雨の降りしきる駅でリックが受け取ったのはイルザからの別れの手紙だった。

カサブランカで再会したときのイルザは、夫であるラズローと一緒だったのだ。パリ脱出の日、それまで夫がドイツ軍に殺されたと思っていたイルザは、夫が生きているとの知らせを受け取り、やむにやまれず、リックとの別れの決断をしたのである。

この再会を機にリックとイルザとの間に愛情がよみがえったのだが、物語は意外な展開をみせ、空港でのラストシーンにつながる。リックの名文句〝We'll always have Paris（俺たちにはいつだってパリの思い出があるさ）〟を覚えている人も多いことだろう。

名文句といえば、〝Here's looking at you, kid（君の瞳に乾杯）〟はリックのキザなセリフとして最も有名だ。そして、二人の愛を象徴する名曲「アズ・タイム・ゴーズ・バイ（As Time Goes By）」を聴くたびに、〝Play it, Sam（サム、あの曲を弾いて）〟とほほ笑むイルザを思い浮かべるのは私だけだろうか。

さて、少々無粋で恐縮だが、カサブランカでもパリでもいまのようにネットが普及していて、あのキザなリックでさえもフェイスブック（Facebook）にはまっていた、なんてことを想像してみたいと思う。

閉店後のカフェでリックは二階のオフィスにあがり、幸せだった頃のパリの写真を眺めながら、チェックイン[1]ばかりしていたパリのカフェ・オーロラのことを懐かしんでいるかもしれない。そして、イルザから友達申請がいつくるか心待ちにしている。これはちょっと惨めすぎる。ハードボイルドでクールなボガートとはかけ離れている印象だ。

では、空港で別れたあと何年かたって、イルザのかわいい子どもたちの写真を見ては「いいね！」ボタンを押している場面はどうだろう。『麗しのサブリナ』の頃の中年ボガードであれば、こんな姿も想像できるかもしれない。

そして、リックとイルザのメッセージのやりとりがラズローに見つかってしまう。「俺を裏切るのか」と夫婦げんかになってしまい、だんだんエスカレートして、いま流行のフェイスブック離婚になる。もっともラズローは反戦活動のリーダーだし、きっと心の広い人だろう。そんな些細なことでけんかにはならないし、フェイスブックのメッセージくらいでイルザの心は揺れ動かない……。

なんてことを想像するのが、そろそろ野暮に思えてきた。とにかく『カサブランカ』のリックにネットは似合わないのだ。

ネットはロマンチックラブの敵である

ロマンチックラブのポイントは、幸せだった頃の思い出を胸にしまって別れることだ。恋人のどちらかが死んでしまう映画には最も涙してしまう。だが、別れずにそのままゴールインしていたら、どうなっているのか。子どもができて毎日の生活に追われ、気がついたらウエストは二十センチも増えて頭の毛がなくなり、顔はしわだらけになってしまう。その姿を想像してみてほしい。ロマンチックラブの物語はそうなってはいけないのだ。

そこまで現実は厳しくなくとも、ネットつながりがあったことで、恋愛がうまくいかなくなることもある。

ネットには自分にとっていい思い出だけをしまっておき、都合が悪いことは消してしまえばいい。そう思うかもしれない。でも、誰かが故意でなくともメモリーしていることだってある。新しい恋人ができた頃に、その誰かのメモリーから昔の秘密が暴かれてしまうのだ。

メモリーは言葉だけではない。写真はもちろんだが、フェイスブックではその写真に写っている人の名前が付けられていて、その名前をわざわざほかの友達に知らせてくれる。そうなると誰と誰が一緒だったかがみんなわかってしまうし、知らされたときに記念写真として自分のパソコンにダウンロードしてしまう人もいるだろう。

誰と一緒だったかはほかの方法でもわかる。最近ではレストランや駅でチェックインする人も増えてきたが、そのことから誰と一緒だったかがわかってしまう。例えば、A男くんがある駅にある時刻にチェックインし、A男くんと同じサークルにいるB子さんが、「これから○○特急に乗る」と特急名をツイッター（Twitter）したとする。その特急がその駅を出発することを知っている人であれば、A男くんとB子さんが一緒に旅行していることがわかってしまうのだ。自分にとっては場所の記録かもしれないが、友達に知らされると、自分の思惑とは全く違った使い方をされてしまう。「いま、○○さんとごはん食べてる」といちいちツイッターでデートの様子を生中継する彼氏もいるし、彼氏の家でごはんを食べているときの会話をユーストリーム（Ustream）で流す彼女も出てきた。きっと、自分がリア充（リアルな生活が充実している）であることを他人に知ってもらいたいというピュアな動機からだと思う。でも、ツイッターであれば誰でも検索できるし、ある出来事を検索してまとめてくれる（togetter と呼ぶ）サービスまである。

まさに、一億総監視時代なのだ。

さらに手が込んでいることに、フェイスブックには交際ステータスなるものがあり、その情報は「独身」「交際中」「婚約中」「既婚」「複雑な関係」「オープンな関係」「配偶者と死別」「別居」「離婚」ときめ細かい。それに、自分でステータスを変えるたびに、そのことがリアルタイムで友達に伝わってしまう。「独身」から「交際中」に変えると、数秒もたたないうちに友達から「いいね！」ボタンが押される時代なのだ。

ネットの向こうにある、いま流行のクラウドのなかにはとてつもなく大きな恋愛監視システムがあって、数億人の交際ステータスが変わるごとに、アルバムの写真や一緒に写っている人の名前を自動的にメモリーしているかもしれない。人類の恋愛行動を研究する材料としては素晴らしいだろうが、あとで離婚裁判の証拠に使われるようになったら大変だ。プライバシー侵害かもしれないが、アップしているのは本人である。自分が知らない間に、ほかの誰かから監視され記録されているのだ。

筆者の研究室から社会に巣立っていった学生たちが元気にしているのか、少々気になるところだ。ただ、フェイスブックの友達やツイッターのフォローはそのままなので、彼らが昼ごはんに何を食べて、残業で遅くまで仕事をしていて、誰かと一緒に旅行したということが、ネットを眺めるだけで自然にわかってしまう。たまにリアルに会ったときの話題には事欠かないが、驚きや感激がなくなるのは確かだ。

リックとイルザが再会する前にお互いの日常生活をネットで公開していたら、愛情は絶対によみがえらなかっただろう。ネットがこれだけ普及してしまうと、カサブランカのようなロマンチックラブには、残念ながらあまりお目にかかれなくなる。

ネットはロマンチックラブの敵なのだ。

ネットつながりの仕組み〝アーキテクチャ〟を考える

ネットは人と人のつながりを演出する。そのつながりの仕組み（アーキテクチャと呼ぶ）を変えると、人々が感じるつながりの心情も変わる。メールをはじめ、2ちゃんねる、ニコニコ動画、ブログ、ミクシィ、ツイッター、フェイスブックなど、それぞれつながりのアーキテクチャが違うので、人々が感じる心情もそれらに応じて特徴が出てくる。

代表的なネットのサービスであるツイッターやフェイスブックの特徴を考えてみると、「安心」「気楽」「偶然」の三つのキーワードが思い浮かぶ。

まずは「安心」である。ネットでいくら話をしても身の危険を感じることはないし、いやな相手とは友達にならなくてもいい。自分でつながりをコントロールできるのだ。これが最も基本的な特徴である。フェイスブックの「いいね！」は表面的で希薄なつながりではあるが、感情的な会話になって不快に感じることはない。

次は「気楽」だ。ネットサービスの出入りは自由だし、好きなときにアクセスできる。いやになればサービスをやめればいい。他人への気兼ねがないので、リアルなコミュニティの面倒くささはない。それにツイッターのツイートやフェイスブックの「いいね！」はすべて一方向なので、必ずしもリプライしたりコメントする必要はない。対面のような気遣いはいらないのだ。

そして「偶然」である。ずっとご無沙汰だった友達からフェイスブックにコメントが届き、昔の仲間と久しぶりに集まるといったことも珍しくなくなった。ツイッターでは「誰か、ごはん食べる人いない？」というように、偶然の出会いを求めるツイートも多い。よく通っている飲み屋に入ってからツイッターで呼びかけたら、倍の人数になってしまったこともある。偶然とは楽しいものだ。

もっとも、このようなつながりの特徴は、ネットに限ったことではない。「みんなぼっち」という言葉をご存じだろうか。友達同士でカラオケに行って、一人が歌っていても、ほかのみんなはいつもその人の歌を聴いているわけではない。次に歌う曲をリモコンに入れていたり、友達と話していたり、お酒を飲んでいたりする。みんなと一緒だけど、心は一人ぼっちということだ。

孤独にはなりたくないのでみんなと一緒にいるが、他人に余計な気遣いはしたくない。それに人に気遣いすることで、その人にいやがられるのも困る。自分は傷つきたくないので、他人にはあまりちょっかいを出さないのだ。つまり、付かず離れずの心情ということだ。

リアルでもネットと同じように、自由と気楽のつながりを求めている。ツイッターやフェイスブックがはやるのは、人々のリアルなつながり心情がネットのアーキテクチャにマッチしているからなのだ。

でも、恋愛のつながりになると、ネットはなかなかうまく機能しない。

どうしてネットは恋愛に向かないのか

五十年ほど前に、エドワード・ホールという文化人類学者が『かくれた次元』を著した。群れている羊と羊や鳥と鳥の距離、あるいはライオンと猛獣使いの距離など、動物たちの互いの距離には一定の法則があり、人と人の間にもストレスを感じない距離があるというのだ。

その距離には「密接距離」「個体距離」「社会距離」「公衆距離」の四つがあると提唱した。

「密接距離」は、恋人と身体が触れ合うような極めて親しいつながりの距離である。ちょうど、人の肩から肘の長さくらいで、親しくない他人同士がこの距離よりも近づくと不快に感じる。「個体距離」は恋人や夫婦との自然な距離であり、ちょうど手を伸ばすと触れ合うくらいだ。家庭にある食卓の幅が九十センチから百二十センチくらいになっているのはこのためである。「社会距離」は百二十センチから三百六十センチ、つまり六畳間の奥行きや間口くらいの長さであり、相手にあまり意識させないで離れられる距離だ。逆に、何か関心があればこの距離から近づいてくるのである。それ以上は「公衆距離」で、街頭にいる知らない人たちとの距離だ。

ネットのつながりはどの距離だろう。ツイッターでよく知らない人までフォローしていると、そのツイートからは公衆距離と感じるかもしれない。フェイスブックでは、友達の記事に関心があれば、「いいね！」ボタンを押したりコメントしたりする。そう考えると、ネットのつながりは社会距離になる。付かず離れずの距離ということだ。

しかし、恋愛つながりといえば、いつも近くにいる個体距離が基本で、たまに密接距離になる。猿が毛づくろいをして愛情表現するように、恋人同士は常日頃から個体距離の近さを欲するのである。だから、恋愛つながりとネットつながりの距離はマッチしないのだ。

英語に「ハイメンテナンスな女性」「ローメンテナンスな女性」という言い回しがある。ハイメンテナンスとは世話がやけるという意味で、最近は男性にもいえるかもしれない。自分が寂しいときに相手に電話をかける。メールして返信がないと何度も催促する。週末は一緒にどこかに行かないと気がすまない。相手が何をやっているのか、いつも気になる。人は恋をしてしまうと、多かれ少なかれこれらのどれかに該当する行為をしてしまうものだ。ハイとはこの行為がちょっと激しい場合を指す。対面に限らず、電話やメールでも個体距離を求めてしまうのだ。

ネットつながりには安心や気楽といった特徴があると述べた。しかし、恋愛つながりは「いいね！」だけのつながりでは満足できない。もっと感情を込めてくれないとだめなのだ。もちろん、相手が記事をアップしたら必ずコメントしなくてはいけないし、相手からコメントが返ってこないと心配になる。それにフェイスブックの友達と話題を「シェア」するように、恋人に会ったときにいつも何か話題を考えるなんてことは面倒だ。こんな不満がたまって友達に言った悪口がツイートされてしまい、それを知った相手とネットで公開げんかをするようになる。

ネットは恋愛に向かないのだ。

恋愛前のネットは役に立つ

ただ、恋愛のきっかけとしてならネットはとても役に立つ。映画でいえば『ユー・ガット・メール』（一九九八年）のラストシーンが印象的だった。マンハッタンのリバーサイドパークで、トム・ハンクス（配役名はジョー）に出会ったメグ・ライアン（キャスリーン）は、「あなたでよかった。ずっとそう願ってた」と言いながら涙ぐんでいた。

この映画のストーリーを少し紹介すると、キャスリーンは母親から受け継いだ小さな絵本の書店を経営している。経営は苦しいが、子どもたちにとって優しくて人気がある店だ。ところがその店の前に大きな本のチェーン店ができてしまう。その経営者がジョーなのだ。ところが、キャスリーンとジョーはネットのなかでは、互いに顔も本名も知らずにメールで本音を語り合うメル友の仲なのだ。

商売敵の二人はリアルに会えばいつもけんかばかりしている。でも、ネットの語らいを通して互いに心惹かれあう。そして、ラストシーンのハッピーエンドにつながる。

リアルなけんか相手とわかれれば、ネットでも仲良くなれるはずがないだろうが、ネットは顔も名前もわからない。ネットとリアルのつながりの違いをうまく表現した映画だ。

本音の語らいだけではない。一九九六年に公開された映画『(ハル)』は、ネットで知り合った男女(役者は内野聖陽と深津絵里)がメールでの語らいを通して、人生の希望を見いだしていく姿を描いている。互いに送りあうメールには、「チャレンジ」や「希望」、「自信」や「支え」、「ファイト」や「がんばれる」などのポジティブな気持ちを表現する言葉が散りばめられる。

リアルで初めて会った人と話をするとき、どうしても相手の顔や声や肩書がじゃまをしてしまう。そうでなくとも付かず離れずの心情だ。相手を傷つけまいとしてなかなか相手の懐には飛び込めない。その点、ネットは安心だ。身体はもちろんのこと、感情のトラブルがあればつながりを切ればいい。リアルではそうはいかない。互いの気持ちが整わないと、なかなか本音の語らいにはならないものだ。

だからネットの出会いはとても役に立つ。出会いのあとの語らいがうまくいけば、どうしてもリアルで会いたくなるものだ。もし、リアルな出会いの印象が良ければ、すでに互いの気持ちを理解しあっているのだから話は早い。もちろん、印象がかけ離れていて、ダメになるケースもあるだろう。でも、筆者の身近にはネットで知り合って結婚したという夫婦も多い。

ただ、リアルな恋愛関係になったら、ネットつながりは気をつけたほうがいい。

時はどんなに流れようとも、大切なことは変わらない

とはいえ、物心ついたときからネットがある若者たちだ。恋愛だからといって、ネットをやめることはできないだろう。そうなると、気をつけないといけないのが、不平不満のツイート、フェイスブックの記念写真、カフェや駅でのチェックインなど、数え上げればきりがない。だけど、この世代は、「過去の出来事がネットにメモリーされていることは当然」と考えているかもしれない。もしかすると、恋愛とネットの関係を考えることは、彼らの親の世代の老婆心かもしれない。

でも、少し心配なのだ。

筆者は彼らの親の世代だ。恋愛つながりのツールといえば電話や手紙だった。でも、メール、ミクシィ、ツイッター、フェイスブックが次々に出現し、これからも新しいつながりのツールが出てくるだろう。新しいツールで恋愛の心情は変わる。本書に登場するのはネットだけではない。恋愛つながりのゲームやラブホの話まである。恋愛を取り巻く心情とツールのインタラクションが本書の主題である。

もちろん、カサブランカの頃から変わらないこともある。「アズ・タイム・ゴーズ・バイ」の歌詞にあるではないか。“The fundamental things apply as time goes by”だ。時がどんなに流れようとも、大切なこと、つまり「愛」は変わらないのである。

恋愛のアーキテクチャが変わったとしても、私たちにとって大切なことは何なのか。そんなことを考えながら、本書をお読みいただければ幸いである。

注

（1）駅やカフェなどに行ったとき、モバイル端末を使って、そこにいまいることを宣言する行為のこと。

参考文献

エドワード・ホール『かくれた次元』日高敏隆／佐藤信行訳、みすず書房、一九七〇年
小川克彦『つながり進化論――ネット世代はなぜリア充を求めるのか』（中公新書）、中央公論新社、二〇一一年
草柳千早『〈脱・恋愛〉論――「純愛」「モテ」を超えて』平凡社、二〇一一年
富田英典／藤村正之編『みんなぼっちの世界――若者たちの東京・神戸'90s・展開編』恒星社厚生閣、一九九九年

第1部 恋愛のカタチ

恋愛のアーキテクチャ

濱野智史／平野啓一郎／櫻井圭記

二〇一〇年十一月二十二日。六本木ヒルズ・アカデミーヒルズ。慶應義塾大学SFC主催の「Open Research Forum」（ORF2010）の展示会場の一角でこのシンポジウムは開催された。

「このセッションでは、平野啓一郎（小説家）、櫻井圭記（脚本家）、濱野智史（社会学者）をパネリストに迎え、身体性への回帰、ロマンティックラブと結婚の分離、彼氏彼女とセフレ、草食肉食、権利と自由、ネットツールによる監視、三次より二次、ギャルゲによる集合的恋愛、botとの愛など、現在のさまざまな恋愛の生態系をとらえ、創造へ向かう内発の源泉としての恋愛、次世代を育むプラットフォームとしての恋愛をあえて救い上げ、安住なき先駆としての恋愛のアーキテクチャのデザインは可能なのかをみなさんと探ります」（告知）

木原民雄　それでは「恋愛のアーキテクチャ」というタイトルで九十分間のセッションを始めます。パネリストは平野啓一郎さん、櫻井圭記さん、濱野智史さんです。進行は木原民雄が務めます。よろしくお願いします。
まず、このセッションの位置づけです。SFCでは、いろんな方にゲストスピーカーとして講義をしてもらうというかたちで外部の方の面白い話を取り入れ、それを研究に活かしていこうというアクティビティをやっています。私と今回の三人のパネリストはいずれも、最近、SFCでレクチャをしたメンバーなんです。濱野さんはそもそもSFC出身ですよね。

濱野智史　SFCです。

木原　去年は「創造するアーキテクチャ」というテーマで、今年と同じようにストリートセッションというかたちで開催しましたが、去年の「創造するアーキテクチャ」に来場された方はいらっしゃいますか？

濱野　少ないですね（笑い）。

木原　きょうは平日ですしね。では、セッションをはじめたいと思います。
まず、なぜ恋愛なのか。本セッションと並行して、グローバルやインターナショナルなど、広い視野で外部と連携していくようなかたちのセッションがいろいろおこなわれています。それに対してもう一回、人間っていうか、身体に戻っていく、それぞれのクリエーションの主体である人間に戻っていくところを本線として、真正面から話をするような企画があってもいいのではないかというのがまずありました。「どんなテーマにしましょう？」という話になったときに、「とっつきやすいものとして、恋愛があるんじゃないかな」と思ったのです。SFCでいろんな方にゲストスピーカーとして話していただいたときも、恋愛はかなりコアなキーワードで、みなさんが違う話をされてるんですが、実は恋愛は必ずフォーカスされるテーマになってきてるのです。きょうは、あえてそこにしぼってすくいあげたいと思います。

まず、去年来場された方が少ないということなので、アーキテクチャという言葉を簡単におさらいしておきたいと思います。「建築」という意味が一般的ですが、それ以外でも、ソフトウエアやネットワークで「仕組み」や「仕掛け」といった意味で使われています。ここでは、コンテンツという言葉と、アーキテクチャという言葉を対立的に考えています。コンテンツというのは作品だったり、できたものだったり、中身だったり、言ってみれば本質です。それに対して、アーキテクチャは、それを支える仕組みや仕掛け、それを生み出していく、ベースになるかたちといった意味で使っています。したがってここでは、恋愛の中身や恋愛そのものを語るというよりも、恋愛の周辺やその仕掛け、仕組みを意識して取り上げるというかたちで議論を進めていきたいと思います。

恋愛のいま

では、まず三人のパネリストの方からお一人ずつ、最近ご自身で取り組まれていることや関心があること、そして今回のテーマに沿ったトピックについてお話ししていただきたいと思います。それでは最初に、平野さんからお願いします。

平野啓一郎　平野啓一郎です。来月『かたちだけの愛』という小説が刊行されることになっていて、たぶんそんな理由からきょう、このセッションに呼んでいただいたのだろうと思います。いわゆる長篇の恋愛小説を書いたのはこれが初めてで、恋愛小説を書くとなると、恋愛について考えることと、恋愛小説について考えることを二つ同時にやらなければなりません。それはもちろんつながっているんですが。「そもそも恋愛って何だろうか」といったところから考えてみました。

恋愛とは読んで字のごとく、恋と愛という漢字が組み合わさってできていますが、恋と愛というのは概念的にちょっと違うものだと思うんです。語源的にも、語誌的にも。つまり、恋とは相手を恋う感情です。そばにいてほしい人がいないとか、好きだけどまだ結ばれていないという人を能動的に求める感情が恋だとすると、愛とはその関係が結ばれたあとに継続されていくもの、持続されていく関係性のなかの問題だと思います。ですから、日本の仏教では、「愛欲」と言うように、愛という言葉は執着っていう意味で「煩悩」としてとらえられてますし、また、キリスト教の世界で愛に赦しという機能があるのは、関係性を継続させていくときに赦しというものがないと、そこで関係が断たれてしまうからなのです。能動的に求めていき、障害があってもそれを乗り越えていくのが恋だとすると、愛っていうのは対になった二人の関係をいかに続けていくかという問題です。そうすると、小説の多くは結局、愛よりも恋を題材にしてることになります。お互いが思い合って

『かたちだけの愛』中央公論新社、2010年

ることは自明で、ただその二人の間にいろんなかたちの障害があって会えないのです。そして会いたい二人が、なんとかしてその障害を乗り越えて最後に結ばれるハッピーエンドと、結ばれない悲劇とが、いろんなかたちで書かれてきました。『ロミオとジュリエット』（シェイクスピア）もそうですし、三島由紀夫の『潮騒』や『1Q84』（村上春樹）などにしても、結局は会いたい二人がずっと思い合っていて、でもなかなか会えないというのが恋の話なのですね。あるいは、その愛が崩壊していく、いままで続いていたものがだんだん壊れていく過程も、それはそれでドラマチックだと思います。しかし、恋から愛の段階になって、その関係を持続させていくことになると、急にすごく現実的になってしまって、小説として面白く描くのはなかなか難しい。そういう意味で、恋愛小説といっても、恋をテーマにしたものに比べて、愛をテーマにしたものはおそらく数が少ないんじゃないか、と考えていました。

たまたま今年（二〇一〇年）は、三島没後四十周年だったので、いろいろ関係する本を読みました。三島も、愛というのは西洋的な概念で、日本には恋しかなくて、恋だけで十分じゃないかみたいなことを言っています。実際、彼の小説には恋が描かれている作品が多いのですが、愛になると急に気持ちが冷めてしまって、愛を持続させるためには人工の世界を、お互いに嘘だとわかってるものを維持しつづけなくてはいけないという話になります。そうではない作品になると、『春の雪』のように、主人公は結ばれそうになると、プィって相手のことをふってしまいます。相手が皇室に嫁いだりして、絶対に結ばれないとわかると、その障害を乗り越えるために燃え上がってくる。そういう小説が多いなかで、『かたちだけの愛』は、谷崎潤一郎の作品を参照してるところがあります。谷崎は三島と違って、恋よりも愛に重きを置いています。二人の関係が持続されていくとはどういうことかをかなりしっかり考えた人です。何によって関係は維持されているのか、と。一つは執着、特に性的な執着があると思います。たとえば、その女の子の足が好きといったように、谷崎の場合、代表作は『痴人の愛』ですが、この作品では、性欲がどうしてもナオミっていう女の子を手放せない理由になっていて、最後に彼女が帰ってきたときでも、人間的な魅力に富んでいてうれしいというより、その肉体の輝きに主人公は喜んでいて、性欲というのが関係性を続ける一つのファクターになっています。しかし、谷崎自身の年齢的な問題もあったと思いますが、四十代後半になってくると、二人の人間が関係性を維持していく理由は性欲だけなんだろうか、と考え始めます。そこで『蓼食う虫』を書いて、性的には合致してない夫婦が二人で生きて、二人で暮らしていくということにはどんな理由があるのか、それが可能なのかどうなのかということを、『痴人の愛』とは対照的に、もう一つの愛の仮定として描いてみたのだと思います。

そういう意味で、『かたちだけの愛』は、恋の部分はだいたいたいなかほどぐらいまでで、そのあとは、愛、つまり二人の人間があえて一緒に暮らしていかなければならないとはどういうことなのかを考えたかったし、それがテーマだったのです。そして、自分としては、『決壊』という小説から、そのあとの『ドーン』、そして今度の『かたちだけの愛』の三作はつながっています。そのうちの『ドーン』という作品では、個人よりももっと小さな単位として「分人」という概念を提唱しました。これは、みなさんも体感的にはよく知っていることだと思いますが、人間は対人関係ごとにいろんな人格に変わっていきます。友達と一緒にいるときと、会社の上司と一緒にいるときと、家族と一緒にいるときで、当然、人格というのは変わっていきます。それはべつに「本当の自分」というのがあって、いろいろな自分を使い分けているということではなく、ある意味で意識的な部分もあるが、無意識的なところもあるのです。表面的に仮面を使い分けてるとかキャラを演じ分けてるというほど、うまく自分で操作をしているわけではない。例えば、学校でいじめられてる子が、学校にいるときにはシュンとして内気だけど、放課後に空手など習っていて、その教室に行くと急に元気になってニコニコする。しかし、これは学校で内気キャラを演じてるわけではないし、空手教室に行ったら元気キャラを演じているわけでもありません。人格とは、環境や対人関係ごとに影響を受けながら、自然と分化していき、その分化していったそれぞれの自分を分人というふうに分けて考えることができる。そして、その分人が中心もなくネットワーク化されていって、いろんな比率で構成されているのが個人なんだろう、というふうに考えたわけです。生きていくためには、自己肯定の一つの方法として何らかの形で自分を好きになる必要がある。この世の中がいやになってしまって、なおかつ自分もいやになってしまうと、生きているのがだんだんしんどくなってきます。しかし最低限、何らかの自己肯定の感情をもつことができれば、「世の中つまんないけど、しょうがないけど生きていこう」という気持ちになる。そういうときに、「漠然と自分を好きになりなさい」と言われても難しいわけです。しかしおそらく、「○○さんといるときの自分は好き」ということはみんな言えると思うのです。あの人と一緒にいるときの自分は結構饒舌で、ナイスなジョークを言ったりしていて、生き心地がいい、と。他方で、別の誰々といるときは委縮してしまって、言いたいことも言えないし、魅力的な自分ではない。で、その人ごとに、好きな分人、嫌いな分人というのがあると思うのですよ。結局、これは『かたちだけの愛』という作品のテーマ的な部分なんですが、愛はこれまで無償の愛とか、献身的な愛とか、相手に対してアプローチする能動的な部分、つまり相手への愛が非常に強調されてきました。でも実際は、なんでその人のことが好きかというのは、「その人といるときの自分が好き」という部分がかなりあるのではないか。Aさんといるときと B さんといるときを比べると、Bさんといるときの自分が好きだからやはりBさんと会いたくなるし、Bさんと一緒の時間を過ごしたくなるんのではないかと思います。その相手が好きという感情と、その人のおかげで自分も愛せるという感情の、二つのバランスがうまく釣り合っていると、いろんな局面で分人化していきながら、なおかつ、誰かと長い時間を過ごしていくことが納得できるのではないでしょうか。しかもその場合は、単に他者がいないところで自分が好きというナルシシズムとは違って、他者の存在を一度経由して自己愛へと至るので、他者性の重要さを前提にできる。そういう意味ではナルキッソスの神話のように、一人でずっと湖面を見つめていて「ほかの人は関係ない」となり、「じゃあ勝手に生きてったら」というのとは違っていて。常に他者の媒介を得ないと自己愛に至らない経緯があるので、あんまり気持ち悪くないというか（笑い）、自分が好きということを肯定的に語れるのではないか。『かたちだけの愛』を書きながら、そんなことをいろいろ考えてました。ご興味のある方は書店に行ってみてください。僕の話はだいたいこんなところです。

木原　ありがとうございました。

『ドーン』という本は、メディアという意味でもテクニカル面でも、新しい概念がいろいろ提出されていて、そのなかの一つが「ディビジュアリズム」（分人主義）というキー概念です。『かたちだけの愛』についてはもう一度、あとで振り返ることになると思いますので、次は、櫻井さんに話題を提起していただこうと思います。

櫻井圭記　櫻井です。本業はアニメの脚本家ですが、ときどきこういう場にも呼んでいただいています。僕も宣伝させてもらいますと、『タチコマなヒビ』というマンガを出しました。『攻殻機動隊』のスピンオフで「タチコマ」というロボットが出てきますが、よろしかったら手にとってみてください。きょうのテーマともちょっとからんできます。

慶應のSFCで一月にセフレの話をしました。慶應や六本木ヒルズでセフレと連呼するのはいかがなものかとも思いますが、ちょっと気になる現象がいくつかあって、一つ一つ独立しているが、背後に大きなストーリーが見えるという気がしています。脚本家はそういうのを見いだしてしまいがちなんですね。「こういうストーリーがあるんじゃないか」と考えがちで、大きな物語が失効したと言われてるのに、それでもストーリーを探してしまうのです。

僕は大学で非常勤の講座をもっていますが、あるとき、そこの学生たちと飲み会みたいなものがありました。男女十人ずつぐらいだったのですが、会が進行するにつれて男女がきっぱり分かれて話している状況になりました。そのとき、僕は男子グループのほうにいたのですけど、「彼女とかいるの？」みたいな若干オヤジのセクハラまがいの話になって、みんな「いない」という。そして、女子も「彼氏がいない」と。「じゃあ、みんないないんだったら、いけばいいじゃん」と言ったら、「いやぁ、ここにいるようなコたちじゃ話になりません」と言うのです（笑い）。僕はそれを聞いて、

「あぁ、なるほど」と思った。でも、女子もそう思ってるんです。これは一体どういう現象が起きているんだろうと思ったのが、まず一番目にあります。

二番目に、僕の会社の後輩の話がある。最近会社をやめてしまいましたが、脚本家志望の男の子で、仲が良かったんでよく飲みに行ったりしていました。そこでも、またオヤジっぷりを発揮して、「彼女いないのかよ」とか言っていたのですが、「いないんす」という。でもそこでもケータイに電話やメールがちょこちょこ入ってきていて、「誰なの？」って聞いたら、「いや、〇〇ちゃんっていう女の子」。「でも彼女じゃなくて、友達なんだ？」、「そうですね。体の関係ありますけど」みたいな話になった。「え!?」と思って、「それじゃあ、彼女なんでしょ？」と聞いたら、「いや、彼女じゃないっす」。「あ、じゃあ、何人かいるうちの一人みたいなことなの？」って言ったら、返ってきた言葉は「そうじゃないっすね」。だから、不特定多数みたいなことが一時期言われていたとして

『ドーン』（講談社文庫）、講談社、2009年

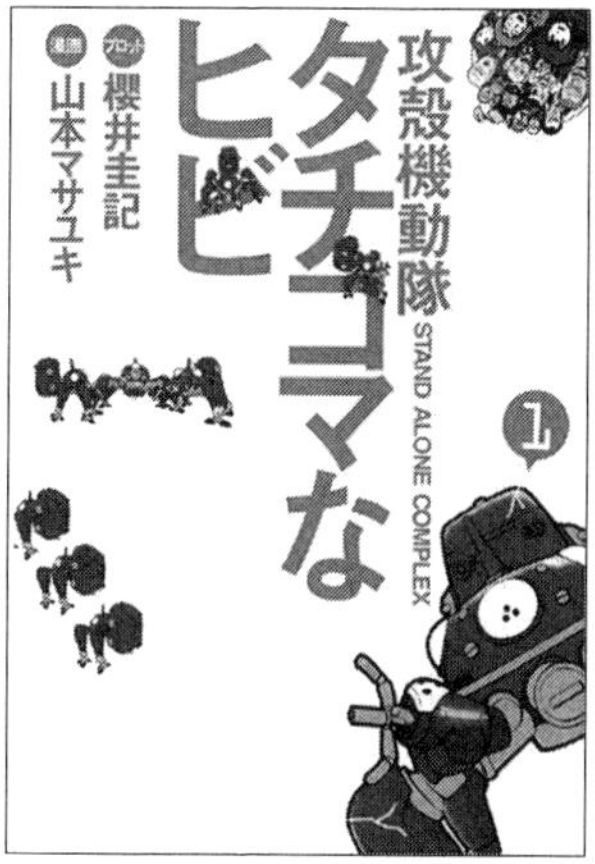

山本マサユキ漫画／櫻井圭記『タチコマなヒビ』講談社、2010年

も、全然逆なんです。特定の単数なんだけれども、付き合っているとみなしていないし、承認していない。それは相手の女の子も同じで、べつにその男の子のことが好きとか彼氏だとは思っていない。ときどき一緒にごはん食べに行ったり、映画を見に行ったり、またセックスしたりするけれども、だからといって「毎日電話をしなきゃならない」というオブリゲーションから解放されてるし、「ほかの男子、あるいは女子と会っちゃいけない」といった義務的なものがまったく発生していない関係ということらしいのです。僕は何度聞いてもよくわからないんですが。

そこで、はたと思ったのが、大まかに言って三つのコストみたいなものがあるのではないかということです。第一に、付き合うと金銭的なコストがかかる。デートに行ったりしたらデート代がかかる。学生なら割り勘だとか、ときどきはどっちかがおごったりすることはあるにしても、基本的には付き合うことで、出かけるにしろ、食事をするにしろ、遊ぶにしろ、金銭がかかる。

第二に、時間的なコストがかかる。これは、先に挙げた二つの例とはまた別ですが、最近学生のインタビューを受けたことがあって、その機会に彼らの恋愛事情を聞いてみたところ、自分の時間を制限されることを極端に嫌うんです。だから、例えば日曜日にはデートに誘わなければいけないとか、誘われるかもしれないから予定を空けておかなければいけないといったことをすごくいやがる感覚がある。「時間的な束縛みたいなのがすごくいや」という感覚を強烈にもっているという感じがした。

第三に束縛。例えば、彼氏と付き合ってるんだったら、ほかの男の人とは飲みに行ってはいけないとか、あるいは、承認があって許されている場合でも、その承認を得るのが面倒くさいということです。「もう何も言われずに自由にしたいよ」という感覚がある。男のほうもそういうふうに思っている。一方で、面白いと思うのは、例えば付き合うにしても、「会わないという付き合い方もあるのではないか」とか、「ごはんを食べに行かなくてもいいのでは」というふうには思ってない。だから、付き合うのであれば、つまり正式な彼氏彼女であれば、すべからく、どんな形であれデートはしなくてはならない。その「マスト」、つまり縛られなければならない感じみたいなのは、共有しているという気がするのですね。そこには、コストパフォーマンスをすごく重視している感じがある。「このレベルの彼氏、このレベルの彼女を得るのに、これだけのコストが見合ってるのか」を考えている感じがするのです。すてきな彼氏彼女というのは「引き当てる」ものであって、最初から当たり外れが決まっている。ケータイとか出会い系とか、要するにネット環境が整備されたことによって、出会いの場が直接的な対人関係ではないケースが増えてきているわけですが、そういう場でも、当たり外れというのは最初から決まっている。いまはイケてない二人だけど、一緒に成長し合ってすてきなカップルを目指すといった発想はなく、「これは当たりの彼氏だ」「これは当たりの彼女だ」と思っている感じがする。そこで、投資対象として見合っているか見合っていないかが重視されるのです。

そうすると、途端にセフレに圧倒的なメリットが出てくるんです。つまり、そこでは、金銭をかけなくてもいいんです。もちろんたまに映画に一緒に行ったり食事に行ったりして、お金をかけたっていい。友達として付き合ってもそれぐらいかかるからです。したがって、セフレには金銭的なコストがかからない、あるいはかけなければいけないという束縛感がない。また、連絡をとらなければならないとか、会わなければならないという時間的なコストもない。だから、毎週日曜日はどうしなければならないか、空けなければいけないのか空けなくてもいいのか、今回予定を入れてもいいのかどうなのかなどをいちいち確認せずに、スパッと予定を入れてしまうことができる。お互いに連絡取り合うときも、「いや、今回予定入ったから」の一言で片づく。そして、倫理的にほかの異性と会っても何ら問題はない。

と言っても、すごく面白いと思うのは、恋愛に対するロマンチッククラブ・イデオロギーみたいなものは薄れていないという感覚があることです。僕の後輩も、外から見てると一対一で会ってるわけだし、ごはんも一緒に食べに行っているし、出かけてるわけだし、ほかの異性とも会っていない。「それは付き合ってるんじゃないの?」と僕などの世代は思う。でも、彼から見れば「それはセフレ」だとなり、向こうもそう思っている。つまりセフレとは、彼女というふうに承認できるだけの存在ではないということなのです。セフレと位置づけることによって、相手も楽だし、自分も楽だ。そして、「いずれ本当にすてきな彼女が現れたときには、そのセフレとは別れよう」と自分も思ってるし、相手も思っていることなのです。そこでは、本当の、本物の、恋愛が出てくるまでの準備、予行練習、あるいは失恋のあとのリハビリみたいな感覚が非常に強い。「いつかは本当の相手にめぐり合うんじゃないか」と、男も女も思っている感じがあって。そういう意味で言うと、恋愛至上主義的な、イデア的な恋愛というのは、どんどんどんどんハードルが上がっていると思えるんです。そこで、「それをいまのセフレと一緒に育てていけばいいじゃない。もしかしたらすてきな彼女になるかもしれないし、彼女にとってもすてきな彼氏になるかもしれない」と言うと、「いやいや、そんなことをやる気も、コストをかける気もありません。彼女にとって僕は外れだろうし、彼女も僕にとっては外れです」。でも、ロマンチックラブ・イデオロギーが薄れてないのはとても面白い感じがしていて。薄れるというより、むしろそのハードルはどんどん上がっていて、それが一方で草食化と言われるような現象につながっている感じがします。だから、若干矛盾してる感じもしますが、恋愛に関しては積極的で、意識はもっているけれども、「このぐらいのレベルでは恋愛ではない」というふうに思っている。セフレと言ってるうちはまだいいかもしれないのですが、ようするに踏み出さない口です。彼らにとってはラブプラスぐらいで十分で、ラブプラスのほうがはるかにイデア的で、はるかに理想形に近いわけです。その距離感を見誤ると、例えば耳かき店員殺人事件のように、たとえ耳かき屋さんでも「一日の八時間も一緒に過ごしてるんだったらこれは恋愛なんじゃないか」と思いはじめてしまう。その距離感みたいなものが非常に測りにくくなっているのではないかという感じがします。

ここまでの話は「タチコマ」にはやはりつながらなかった（笑い）。僕はツイッターなども非常に面白いと思っています。ツイッター上での恋愛などもたぶん出てきているだろうし。ツイッターにはボットがたくさんいます。チャットボットという人工無能（自動応答のプログラム）がレス（メッセージへの返事）を返してくれるんですね。「タチコマ」のボットもいっぱいいる。そして、どこが開発したボットがいちばん「タチコマ」らしいかという論争もあったりする。一年前くらいに、あるユーザーが二年間付き合ってきたツイッター仲間が実はボットだったことがわかって、一時期話題になった。それだけであれば、昨今そんなに珍しい話ではなくなってると思うんです。一方でチューリングテストというのがあって、人か機械かを判定するゲームのようなものです。しかし、これは相手が機械だと最初から疑っている場合であり、みんなは、ツイッターの場合は基本は人だと思ってるわけです。先ほどのユーザーの発言で僕がいちばん面白かったのは、二年間勘違いしていたことではなくて、そのあとの「そうかボットだったのか、でもきょう帰ってきてツイートしてもいちばん初めににレスをくれたのはこの二人だ」でした。そしてその相手は二人ともボットだったのです。だけど、「いまでも変わらずやつら、僕らの仲間だ」みたいなことが書き込まれていて、この究極的な「ジャンプ」の発想というか、「お前がボットでも、俺たちの友情は変わらないぜ」みたいなのはすごいなと思いました。「あぁ、もうボットでも全然友達なんだ」と。「ジャンプ」の世界観的な、友情・努力・勝利みたいなものが、もうほんとに身近なところに入り込んできているなと思ったわけです。ツイッターや出会い系といったインフラを通じて、恋愛の在り方、友情の在り方が変わってきているということを踏まえて（笑い）、次にパスしたいと思います。

木原　ありがとうございました。たぶん濱野さんの話題にダイレクトにつながると思うので、このまま濱野さんに話してもらいます。

濱野　濱野です。私は普段、情報環境研究者を自称していて、何をしている人なのかさっぱりわからないのですが、お二人に並んでしゃべろうと思います。きょう驚いたのは、（会場に）女性が多いことです。情報環境研究者というと聞こえはいいですが、私は「2ちゃんねる」や「ニコニコ動画」などのネットオタクの話をしてるだけです。そのためか、昨日も東京大学の駒場祭で「2ちゃんねる」のひろゆきさんとイベントをやりましたが、九九パーセント、キモオタしかいませんでした。「やっぱりしょうがないよな、べつに何も思わないいつもどおりの光景だな」と思ったのですが、きょうは平野さんも櫻井さんもいるし、なんといってもテーマは恋愛で、女性が多い。これからオレ「恋愛研究者」になろうかなとマジで思うくらいです（笑い）。

それはさておき。私は普段、恋愛とは程遠い、というよりむしろ「恋愛とか全然関係ないよ、OK！」といった人たちしかいない世界のことを研究しています。それが、きょうはなんで恋愛を語るのかというと、実は単純です。いまちょうど若者向けの小さい教科書みたいなものを書いてくれというお話をいただいていて、ネット関係の話と社会学的なことをからめた教科書をつくろうと思うと、テーマとして恋愛がいちばんいいんじゃないかと思ったのです。なぜかというと、僕の考えでは、恋愛というのは人生で最初に、しかも最少でも——最少というのはつまり百人とか千人とかいるのではなく、たった一人相手がいるだけでも——、ある一定のシステムというか、要するに社会が成立するということです。ある二人がいて、何考えてるかわからない相手がいて、何かコミュニケーションをしなければならないという状況をつくることができるのです。つまり、経済システムや法システムなど、社会にはいろいろありますが、若者に法律といっても経済といっても「関係ないしなぁ」といった感じなので、恋愛を題材にするとわかりやすいかもしれないと思ったのです。

ただ、ここで僕の認識としては問題があって、教科書には同時に情報化についても書こうと思ってるんですが、その最初で最少のはずだった恋愛システムそのものが、実はやはりいま、破綻をきたしているのではないかと思うのです。先ほどの櫻井さんのお話は、破綻側の話ともいえますが、恋愛というものがイデオロギーとして強固に生き残っているために、セフレのようなかたちで破綻してるように見えているといった話でしたので、実際には破綻してないわけではないのです。それはさておき、やはり少しおかしくなっているのではないかという現象はあるのだと思います。

で、そもそも恋愛ってどういうことなのかということを、僕も教科書を書かなければいけないので、教科書を読んで考えようと思いました（笑い）。僕が難しいことを考えるときは、社会システム理論のニクラス・ルーマンという人の本を読み直すのですが、ルーマンは愛を次のように定義しています。社会システム論的には他我の体験――他我というのは他人の自己です――つまり他人の体験を自分の行為への選択性に移転することと定義していて、何がなんだかさっぱりわかりませんね。もう少し細かく言うと、自分の賭けといった行動、つまり投機が相手にとって愛のプロジェクション、「ああ、私愛されてるなぁ」と確認できることと直結されていることです。これでもさっぱり意味がわかりません。さらに簡単に言うと、結局、愛とはルーマンの定義で言えば、あらゆる生活の場面で、「お前のことちゃんと考えてるよ」ということなんですね。平野さんも少し言ってましたけど、いままでの愛っていえば、ずっと相手に無償の愛を捧げることでした。もう何でもいいわけで、しゃべらなくてもいい。ちょっと目配せをしたり、もしくはちょっと足を組み直すなど、なんでもいいのです。そんなちょっとのしぐさでも、すべてが愛に読み替えられてしまうようなコミュニケーション、何でも愛のコミュニケーションになってしまうこと自体が愛、愛というコミュニケーションシステムだ、とルーマンは定義しています。これ簡単なことですが、もし本当にそうだとしたら、終わりがないわけです。何でも愛になってしまうとすれば、すべてが愛の証明になってしまうので、無限に終わることがない。これはルーマンが言っていることではありませんが、

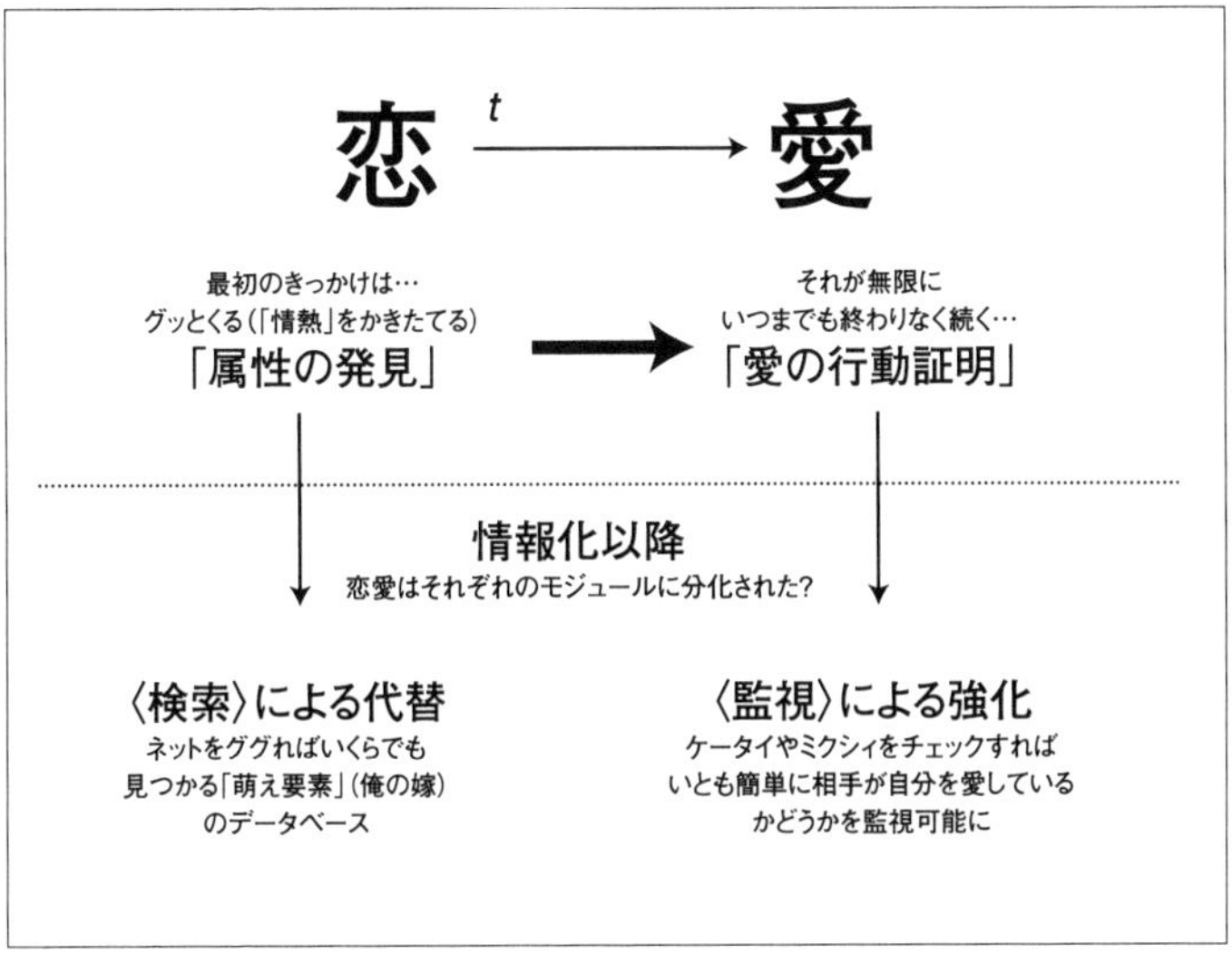
恋
t
愛
最初のきっかけは…
グッとくる（「情熱」をかきたてる）
「属性の発見」
それが無限に
いつまでも終わりなく続く…
「愛の行動証明」
情報化以降
恋愛はそれぞれのモジュールに分化された？
〈検索〉による代替
ネットをググればいくらでも
見つかる「萌え要素」（俺の嫁）
のデータベース
〈監視〉による強化
ケータイやミクシィをチェックすれば
いとも簡単に相手が自分を愛している
かどうかを監視可能に

四項図

「両思いになりたいな」と永遠に求め続けるとしても、いつまでたっても自分の好意が相手の体験に置き換えられていくだけなので、ずっと片思いになってしまう。それが愛なんだというふうにルーマンは説明している。次に、これはルーマンも言っていることですが、その内容は普通に考えたらありえないわけですね。つまりルーマンは逆説的に、もはやコミュニケーションをしない、むしろ、コミュニケーションは不可能だということによって成立するコミュニケーションといったものが恋愛なのだ、といっているのです。ヨーロッパの学者はこういう言い方が非常に好きですが、ある意味で非常によくわかる話だと思います。例えば「目と目で交わす言葉」などというのは、要するに愛の古典的なコードの一部であるといった言い方をしているわけです。ここまでは、みなさんも大体わかる話だと思います。先ほどの、平野さんの日本語の恋愛という言葉は非常に便利で、英語圏に比べてずっと説明しやすいといつも思っているので、図にしてみました。恋愛という言葉があって、前段階に恋があって、後段階に愛がある。時間軸の流れを矢印で書いてみました。前半はルーマン風に言えば、なぜか情熱をかき立てる、無根拠な、不可能かもしれないという、まさに恋焦がれる、そういう属性を発見するということが初めの段階です。それが、先ほど平野さんも言っていたように、後段になって愛になると無限に終わりがなく、永遠に証明しつづけないといけないという、愛の行動証明の段階に移っていきます。恋愛は、要するにこの二つのフェーズに分かれるのです。まずは属性を発見し、その後、愛の行動証明をつづける。

これが、ケータイやネットなどの普及による情報化以降、それぞれのモジュールに分解されてしまったのではないかというのが、僕の認識です。前半のなぜかグッとくる属性を発見することに関していえば、東浩紀さんの用語を使えば、検索エンジンで適当に自分の好きなことググれば、いくらでも萌え要素、もしくは「これ俺の嫁だ」と思えるものが見つかります。これは、男性目線から書いてるからよくないかもしれませんが、グッとくるものをいくらでも見つけることができてしまう。変な話ですが、他人、もしくは人間に求める必要がそもそもあったのかどうかといった問題が、いまや立ち上がってくる。一方、後半の愛の証明に関しては、先ほどの櫻井さんの話でもあったように、情報化以降でポイントとなるのは、何でもログが残って、常に二十四時間遠隔で監視できてしまうことです。これは普通は監視社会の問題として語られていますが、僕の考えでは、むしろいまごく普通の一般市民の間で起きている監視に関する問題のほうが実は深刻です。たぶん、みんなやってることだと思いますが、ケータイやミクシィでは、いとも簡単に相手が自分を本当に愛しているかどうかを証明する、もしくはチェックすることができます。情報化によってこうした二つの極端な方向に分化し、それぞれエンパワーメントしてしまっているのではないかというのが、僕の考え方です。

ここで話は終わるのですが、補足として、櫻井さんと平野さんのお話をしたいと思います。櫻井さんが以前に出された『フィロソフィア・ロボティカ』という本があり、そのなかで「四人称」というものが紹介されていて、それがすごく面白いのです。これはアイヌ語に実際にあるそうですが、普通は三人称までです。でもアイヌ語では、三人称的なものと一人称複数の「私たち」とをひっくるめたものを、わざわざ区別して四人称って言うらしいのです。櫻井さんは、ネット空間あるいは電脳空間上では、この四人称的なものが拡張・拡大してきていて、今後も増えていく可能性があるといっています。この四人称の話を櫻井さんが書かれたときはまだ存在しませんでしたが、いままでは答えはすごく簡単で、初音ミクなどまさにこの四人称です。なぜかというと、初音ミクという三人称的な存在の向こう側では、実際にはオタクたちが作品をつくって支えている。だから、自分たちでつくっているにもかかわらず、初音ミクという第三者的対象も存在することになっている。つまり普通の他人への愛などとは全然違う領域の、四人称に対する愛のようなものが立ち上がってきていて、これは非常に面白いことだと思います。これは二〇〇八年ぐらいからずっとムーブメントが続いていますが、一向に衰える気配はありません。したがって僕は、ある種のオタクたちの愛のフェーズも非常に面白いところにいっているのではないかと思っています。

『フィロソフィア・ロボティカ――人間に近づくロボットに近づく人間』毎日コミュニケーションズ、2007年

初音ミク

それとはまた違って、平野さんの先ほどのお話も非常に面白くて。『かたちだけの愛』は僕もゲラを送ってもらって、読ませていただきました。先ほどのまさに分人主義みたいなものが『ドーン』では書かれていて、愛といっても他人への無償の愛じゃなくて、ある種の分人化された限定的なナルシシズムであればそれでいいのではないかという、ある種の開き直りというと変な言い方ですが、非常に面白かったし、「なるほどなぁ」と思いました。『かたちだけの愛』を読んだときも非常に納得しましたが、むしろ脇役も結構いい感じなんですよね。この『かたちだけの愛』というタイトルは非常によく効いています。ネタバレになってしまうので、ここではあまり話しませんが、いろんな三角形のパターンがきっちりこっそり入れられています。恋愛小説だったら基本ですが、ほかの男から女を奪うとか、もしくは奪われたといった出来事があり家族関係もポイントになっています。こ

の小説は僕の考えでは、マザコンになりきれなかった亡霊のような男が、ある種の恋愛を通じて正統なパパ―ママ―ボク関係を築くことができたといった、「まっとうにマザコンになれてよかった」みたいな話でもあるように読めるのです。この説明では何が何だかさっぱりわからないと思いますが、それがすごく面白いのです。「形があるから、三角形のコミュニケーションの、いまふうにいうとソーシャルグラフのパターンがつくれたから、恋愛として成立したんだよ」というふうに読める本なのです、僕的には。つまり、分人化された限定的なナルシシズムといっても、いろんなパターンがうまく挟まっているので、「この恋愛、結構うまくいったよね」と読めるようにできている。したがって、僕は非常に感動したというか、面白かったのですが、逆に言うと、自分には「ねぇな」と思ってしまいました。こんなソーシャルグラフがググって見つかれば、それはそれでいいし、それこそフェイスブックで探してくれるなら、それはそれでいいのかもしれないと思えるような小説で、そういうふうに読み直すと逆に非常に面白いのかもしれません。みなさんも買って読んでいただければと思います。

きょうの話で言うと、恋愛という一つの統一体だったものが、情報化以降、どんどん分断化されてるような気がします。オタクの萌えみたいな方向にも行っている一方で、ツイッターやケータイ、ミクシィなどを使って監視するといった方向もあるし、さらには、平野さんの今回の作品のように、ソーシャルグラフのパターンで、もしかしたらまた人はまっとうに恋愛できるようになるかもしれないといった希望も提示されています。僕としては、そういういろんな方向性がありうると思ったということです。あまりオチはありませんが。以上です。

恋愛へのモチベーション

木原　ありがとうございました。
　その選択性もしくは自由度が、ツールや仕掛けなどの環境が進んで分断されて、いろんな局面のその場その場で通用する自己とか自我みたいなもの＝分人が出てきて、「自由度が上がっていいよね」という状況になった。けれども、その局面でどうすればいいのかがわからなくなるというか、圧力が減ったために、どこにも展開して行かなくなるという状況にもなっている。それにまつわる話で、そのソーシャルグラフのパターンのノード（端点）というのが、それぞれの分断化された私＝分人だとすると……。

濱野　いままでの近代社会では個人が重要な単位だから、みんな個人の内面をもって考えてもらいたいという発想で社会を動かしてきたんです。そして、個人というものをつくるときにいちばん手っ取り早いのは、セクシュアリティを抱いて、そのうえで愛の告白などをし、結婚をするというのが、個人主義最大のある種の自己責任の選択性の領域でした。だから恋愛は、近代社会になって非常な勢いであおられてきたという状況があった。でも、いま木原さんが言っているのは、分人化された状況では一人の身体にすべてが集まる必要はないということですよね。

木原　ない。

濱野　ただ、『かたちだけの愛』の主人公とヒロインは、ぶっちゃけ言うと、なんか冴えない離婚したおっさんと、あの淫乱ビッチの芸能人みたいなもので（笑い）、それが何となく、自己を通じて幸せな結婚をしましたといった話なのです。粗筋だけを言うと、申し訳ないんですけど。非常につまらなそうなんです。でも、すごく面白い。だから、僕びっくりして。「絶対、面白くなんないって」「でも面白いにちがいない。どうなるんだろう」と思ったら、「あぁ、おもしれえって」。この奇跡のようなパターンがカチカチにはまるんですよ。だが、それはすごい努力をして見つけたという感じではなくて、サクサク流れていくようになっている、なんていうのかな……。

木原　新聞連載だったんですよね。平野さんちょっと切り返しを。

平野　そうですね、新聞連載でした。でも単行本化するときにかなり書き直して、そのへんのフレームみたいなものは相当神経質にデザインして、しかもそれが表に出ないように埋め込んでいきました。

お二人とも非常に面白いお話でしたが、先に櫻井さんのほうに、ちょっと質問があります。セフレというと、ちょっと人聞きが悪いですが（笑い）、ただの「フレンド」でそういう関係もあるというのと、「セックスフレンド」って言われてるのは何か違いがあるのかな？と、ずっと僕はわからなかったんです。しかも、それは本当に現代的な現象なのか、いままでもみんなそうだったんじゃないのかなという気持ちが、何となくずっと続いていました。ただ、顕在化しやすくなったとか、言いやすくなったし、機会が増えたというのはあると思うんです。でも、特定単数って言われたのがちょっと気になりました。不特定多数と言われていたのが、特定単数になってきてるというので。

〔櫻井さんに〕特定「多数」ではないんですか？

櫻井　そうですね。もちろん、全員が全員、それに当てはまるというわけではありませんが、会社の後輩の場合は、特定で、単数で、一年とか一年半とかそのコだけという関係が続いているといっていました。

平野　彼ら的には、特定多数になるとちょっと抵抗があるんですかね？

櫻井　いや、そこに差はないと思います。つまり、単数であるのはたまたま単数であっただけで、複数であってもべつに倫理的になんら問題は起こらない。

木原　でもオペレーションという意味でいうと、複数のほうが面倒くさいでしょう？　さっきのコストパフォーマンスの話に戻れば、複数のほうが面倒くさく、単数のほうがより楽だということになる。

平野　でもね、特定の関係を続けようと思うと、やはりどうしても会いたいとか、どこかにごはんを食べ行きたいとか、セックスしたいとかいうときに、ある種のオブリゲーションが生じて、やはり相手は付き合わなければいけなくなる。だけど、「友達だけど、そういうこともあり」ぐらいだと、お互いに断る権利もあるのが気楽でしょう。つまり、どうしてもこの日こうしたいと思っているときに相手に断られた場合、特定多数の場合は「じゃあ別の何々ちゃんに電話しよう」となって、心の平穏のバランスが保たれるということなんじゃないか。しかし特定「単数」だと、結局、本人たちが認めるか認めないかの問題だけで、恋愛とそれほど変わらないのではないかという感じがある。

櫻井　たぶん、状況としては以前にもあったようなことだと思うんです。例えば、ストーカー。僕の友達の何人かはちょっとストーカーぎみなんですが、「時代が時代なら」というか、「二十年前だったら俺たちは「純情」で片づけられてたんだよ」と言い張っているのです。だから、状況として、現象としては、昔からあるようなことなのかもしれない。ただ、その僕の後輩などが「いや、セフレです」と言い張るのは、「セフレ」という言葉ができたからであり、それが浸透して――どれぐらい浸透しているかはわかりませんが――、ある種カテゴリーとして安易に気安く口にできるようになったからでしょう。でも、セフレの定義自体も、人によってだいぶ違う感じを受けるんです。だから、ご指摘のとおりだと思います。ほんとに、昔からあったものが何とも気安く呼べるようになったものです。

平野　なんか社会のなかでおおっぴらになってきた感じはありますね（笑い）。

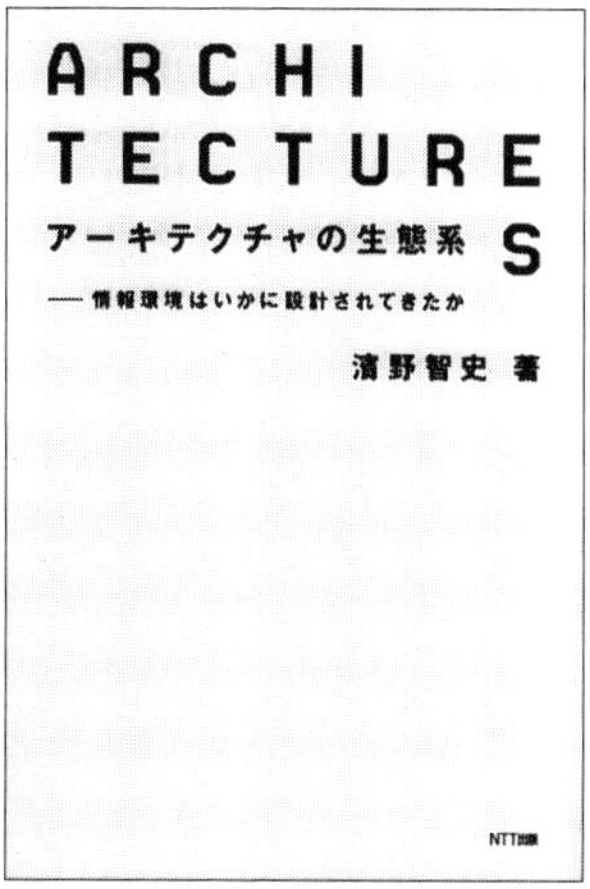

『アーキテクチャの生態系――情報環境はいかに設計されてきたか』ＮＴＴ出版、2008年

櫻井　そうですね、おおっぴらです。同じことの言い換えでしょうが、例えば、昔だったら三股をかけているといった言い方だったと思うんです。付き合ってる人が三人いるという言い方だったのが、「セフレが三人いる」といったふうな言い方に変わってきている。そういうのは、平野さんの話もそうですが、僕はロマンチックラブ・イデオロギーの話だと思いますし、また、

濱野さんの『アーキテクチャの生態系』に端的に表れているような、メディア環境の整備みたいなことによってより一層、セフレと呼んでいいようになったのかもしれません。

濱野　櫻井さんのお話でポイントだと思うのは、性や恋愛というものが緩くなってみんな恋愛しなくなっているのではなくて、むしろ恋愛という亡霊あるいは幻影は生き残っていて、恋愛のハードルはどんどん上がっているという点です。だから、「恋愛するとしたら、やはりデートしなきゃいけない」とみんな思い込んでいて、それがある種、理想の恋愛像となっている。それが面倒くさいから、セフレということにしてるだけなんですよね。だから、本当は「付き合ってる」と言ってもいいのではないかと思う。ただ、単にコストが高いからといった経済的な理由で、それをやめている。したがって、ロマンチックラブ・イデオロギーは実は全然崩壊していない。そこが面白いところだなと思う。

平野　あと、たぶん付き合っているっていうと、どうしても始まりと終わりがある。それって結構体力を使うじゃないですか（笑い）。「付き合いましょう」というと、あとで「別れる」となったとき、やはり話し合いが必要になる。フェードアウトするにしても結構大変だけど、「付き合う」と言っていなければ、そこをあいまいにできるというのがあるのかもしれません。

櫻井　「精神的な不安・負担みたいなものを可能な限り軽減したい」といったものは、強く感じます。心の平穏を乱されたくないのかもしれません。どういう理由でなのか、それがわからないのです。いまに限ったことではないのかもしれないし、べつに数字などに出てきているものではないけど、でも何となく感覚として、僕らの頃よりも踏み込むことに対して、あるいは踏み込まれることに対して抵抗が強いような感じは受けるんですよね。

濱野　先ほど平野さんの分人の話がありましたけど、やはり、その分人化がかなり普通に進んでいると思うんです。これだけネット上でいろんな自己像を探さなければいけない、いろんな場所に行かなければならなくなる状況ですから。だとすると、逆に恋愛では、ルーマン風に言うと、全人格的な承認はむしろ許されないわけですよ。さっき平野さんが言ったような、「ある種の分人化された、この自分が好きだからこの人とは付き合っている、それでいいんですよね」という状況は、そもそも普通の恋愛のイデオロギーが許さないものがある。だから、変なメンヘルビッチとかに出会うと、過剰に拘束されるし、面倒くさい。「そんな自分だけじゃないよ」というのがいちばんつらいからこそ、逆にセフレ化し――実際には、セフレ化などしてはないと思いますが――、全人格的な承認としての恋愛に移行するのが怖いと思っている人たちが結構いるのではないかと思う。一方、オタクたちは「全人格的承認がほしいほしい」と思っているのに、恋愛に参入できないからどんどん疎外されるといった、こっちはこっちでおかしな状況があって、なんだかバランスが悪いですよね。そうした話なんです。

平野　やはり全人格的な恋愛は、一神教の影響が相当強いと思うんです。もともと『源氏物語』なんて全人格でもなんでもないし、江戸時代にもそういう話はたくさんある。また、お妾さんは昔は暗黙の了解みたいになっていたし、あるいはさっきの話で言えば、谷崎の『痴人の愛』というのは、逆に奥さんがお妾さんをもってるような話ですよね。そういう体の関係をもってる人がいて、「でもそれでバランスとれるんだったら、いいんじゃないか」というところがある。谷崎は『痴人の愛』のなかで、女性の二つのタイプとして母親型と娼婦型といった分類をしている。たぶん全人格的な愛を注いでくれる人と分人化している女性像といったものは、谷崎的な言い方をするとそうなると思うんです。だから、分人化の話は友人同士の話だとみんな「うんうん」と納得するんですが、恋愛もそれでいいのかとなると、やはりかなり抵抗もあると思います。また、「若者は」とひとくくりに言えないと思うんですが、アーキテクチャ、例えばツイッターでタイムラインに出てくるリプライとかリツイートでオープンにコミュニケーションしてるのと、こっそりDM〔ダイレクトメッセージ。他者からは見えない〕でやってるのとは、やはり使い分けたりなどいろいろあると思います。そして、ミクシィのコミュニケーションはまた違う。僕は「そういうの、面倒くさいな」と思うことがよくありますが、みんなはそれを監視と思ってるのか、それともむしろ恋の機会を探すときに便利だと思って活用して、愛を継続させるときにもやはりそのおかげでよくなったと思ってるのか、あるいは面倒くさがってるのか、それとも二極化していってるのか、どうなんでしょうね。

濱野　どうでしょうねぇ。基本的には面倒くさい派が多いと思いますし、僕は完全に面倒くさい派です。たとえばケータイ電話にロック機能などつけるので、変に「お前、なんかやましいことしてるだろ」みたいに思われる。その謎の内面性みたいなもの、やましさ性といったものがアーキテクチャで発生させられてしまうから、「じゃあ逆にロックしないよ」みたいな話になる。でもやはり見られてはまずいのでどこかに隠したりする。ケータイというのは、もうわけがわからなくなっているわけです。だから、基本的には「いやだなぁ」と思ってる人が多いと思うんです。少なくとも、監視できるから「私、恋愛で幸せ」と思ってる人はそんなにいないような気がする。だから結局、それでみんな疲れてしまうんです。大体、大学生はミクシィを始めて一回ははまるじゃないですか。高校生でもいいんですけど。でも、大学三年ぐらいになるとみんな途端にやめだす。これは二、三年前の話なので最近はどうかわかりませんが、絶対みんな恋愛でトラブル――トラブルといっても単に別れたってだけなのですが――を経験している。そして、彼氏と別れたけど、マイミクのままでいるべきなのかどうなのか(櫻井・平野:笑い)悩む。そして、マイミクでなくなったらみんなに「やっぱり別れたの?」と言われて面倒くさいので、そのままでいいということになる。でも日記などは見たくないので、「やはりマイミクやめたい」とか、わけがわからないことを言ってるわけですよ。大体そういう理由でミクシィをいやになってやめたり、リセットしている。だから、その程度には面倒くさいと思っていて、ほんとは「ミクシィも分人化してくれ」、あるいは「付き合ったときだけマイミクになってて、そうではなくなったら自動的に切ってくれ」と思ってる人は結構多いと思います。

平野　これは恋愛とはあまり関係がないかもしれないけど、高校のときの友達と大学のときの友達は結構違うんですよね。僕らの頃はもちろんミクシィやケータイはなかったから、卒業すると、わりとバチッと切れるところがあった。社会人になって、高校のときの友達と大学のときの友達がたまたま同席したりすると、「いや大学時代、こいつ、こんなんだったよ」とか「え? こいつ、高校のときこんなんだったよ」などとそれぞれの分人を暴露しあうことになり、彼らとこれからどうやって付き合えばいいのか、わからなくなるようなややこしさがある。大体、分人を考えだしたのはそのへんからなんです。そういう意味で言うと、中学、高校の頃からミクシィなどを始めてずっとズルズル続いていくと、極端な分人化がしにくくなり、なんとなくいままでの関係性に引っ張られることになる。

また小説の話になってしまうんですが、「恋愛小説が難しくなってる」ということはずっと前から感じていました。一つは、さっきの恋の話でいうと、会いたいけど会えないとか、連絡とりたいけどとれないというのは、ツールによってもう埋め尽くしてしまっているからではないでしょうか。『ロミオとジュリエット』など、ケータイ電話があったら成り立たない話ですし、そう思うと、成り立たない話が多いんですよね。『1Q84』が成り立っているのも、一九八四年だからです。もう一つは、やはりネットが顕著ですが、出会いの機会が増えてコミュニケーションの規模が無限に拡大できるようになると、恋愛小説は難しい。村に二人しかいない男の子と女の子が恋をすると、お互いにその相手しかいないから、どうしてもかなえるために頑張るしかない。でもいまは、その相手のことが好きだけど、どうしてもかなわないとなったとき、ほかに出会う機会が山ほどある。すると「そっちでいいんじゃないか」となってしまう。その結果、恋愛小説はお互いの全人格を通してといった話にならなくなる。かなり状況を限定しないと、燃え上がるような話にはならないので、恋愛の話をするのが難しくなっている。そうなると、結局は分人主義的な、この人といるときが好きといった、自分のなかでの選択みたいな話にしかなりようがないのではないか——これがずっと考えてたことなんです。

濱野　それを聞いて思い出したのが、『アーキテクチャの生態系』のなかで、なぜか『恋空——切ナイ恋物語』（美嘉のケータイ小説。スターツ出版、二〇〇六年）という、あの数年前にバカ売れしたケータイ小説の分析をしたんですよ。これなんてまさにしょっちゅうメールばかりしていて、「どこが恋愛小説なんだよ」という感じなんですね。ネタばれになってしまいますが、べつにネタばれになっても誰も困らないと思います（笑い）。結局、最後は死ぬんです。コミュニケーションできない状況になったときにはじめて愛の状態が生まれるという、非常にシンプルなわかりやすい構造になってるんですよ。そこで、ケータイ小説はどれもこれも似たような話だと言われてるんですが、さっきの平野さんの話を逆転させて言えば、まさにケータイが出てきたいまの状況で恋愛小説をやろうと思っても、少なくとも物語として描けるパターンというのがほとんどなくなってしまっている。櫻井さんは情報化ツールが出てきたことを前提に、いかにサイエンスフィクションをつくるかを考えられていると思うので、ケータイ出てきたぐらいでは困らないという感じだと思うんですが、どうですか、そのへんは。

櫻井　ケータイが出てきてからドラマの作り方が激変したんです。何かをするときに、なぜケータイで相手にかけないのかということがどうしても出てくる。僕も『攻殻機動隊』では、みんなが電脳通信でつながっていて、思ったことが瞬時に、ケータイよりもさらに簡単に、相手に意識としてパッと飛ばせるといった世界観の作品をつくっていたので、なおさら、なぜここでこんなことがわからなかったのかといったことがあって、犯罪を構築するのが大変なんです（平野：笑い）。全部ばれちゃって、犯罪にならないんですよ。また犯罪ができたとしても、公安九課という特殊部隊が出てくるほどの事件が、なぜそれまで明るみにならなかったか。そしてかつ明るみになったとき、どういうふうに事件として成立するかみたいなことがありました。ほんとに事件一つつくるのが大変だったんで、平野さんのご苦労とか、すごくわかる感じがします。

木原　平野さん、今回はケータイも出てくるし、ユーチューブも出てきて、そのコンテンツが関係性をつくっていったりしますよね。

平野　ええ。

木原　これはもう意識して？

平野　そうですね。踏まえて書かざるをえないというのがある。もっとメディアに寄った『ドーン』を書いたときにいちばん困ったのは、主人公が部屋から一歩も出なくてすむ話が多いのです。『ドーン』は二〇三六年ぐらいの話ですが、スカイプみたいなのももっと精度が上がっていて、データのやりとりですむことが増えてしまうと、ずーっと主人公が家にいることになる。とにかく、何かブツが動いて、それを取りに行くとか、そういうものがないと話が進まないんです。会いたいけど会えない男女が何とか一生懸命やっていると、やはり走ったり電車に乗ったりすので、場面が動くんです。でも電話やメールですむようになったら、いつも同じ部屋の話になってしまう。だから、実際にドラマをつくるときに、「そういうところは難しいなぁ」と思っていて。今後苦労するところだと思うんです。

濱野　またさっきの『恋空』の話で申し訳ないんですが、確かにケータイが出てくると、時間と場所をパンと一発で超越してしまうから、時間と場所を移動しようとすることで生まれるドラマツルギーというか、『走れメロス』的な「さぁダッシュだ」みたいなものが全然生まれないので、「さぁ困った」になる。『恋空』は、文章はへた、ひどいけど、ある意味「ドラマツルギーをつくれてるなぁ」と思ったのは、メールのやりとりなどのスピードでその距離の世界を表現してるからなんですよ。つまり、「こういうメール送ったら、やつから返ってこない」とか、逐一書いてあるんです。その行間だけで、「あ、いまこいつと、ヒロってやつが遠いなぁ」とか「近いなぁ」とか、「この友達、近いなぁ」とか「遠いなぁ」とかわかる。それは、ケータイをよくやっていて、メールの返信速度をわかっている人じゃないと読み取れないんです。僕も実際、この小説ではその空間感覚を分析しましたが、ケータイメールをもらったら、速攻でダッシュするシーンなどがあって。逆にケータイでもらうから、「いますぐダッシュしなきゃ」となってるんです。また、確かに空間移動的な恋愛というのはいま、時間―空間移動の面はなくなっているように見えるかもしれないが、みんな、ネットワーク空間上でそういうことを自覚しているというのはあると思いますね。

平野啓一郎さん（左）と櫻井圭記さん（右）

平野　僕も実は『恋空』を分析していまして、大の男二人でなんですけど（笑い）。『恋空』が面白かったのは、いろいろ言われていますが、結局、櫻井さんの話にも通じるんですが、メディアが伝えられる相手の身体情報というものの限界が、きれいにレイヤーになっているんですよ。二人の距離感がいちばんゼロになるのは対面コミュニケーション、つまりセックスして、五感が全部満たされるときです。嗅覚や視覚が全部満たされる。たぶん、味覚も（笑い）。次に、少し遠ざかったときには電話になって、肉声という聴覚情報だけが伝わるものなんですよね。そこからもう一歩遠ざかると、今度はメールになり、相手の身体情報がなくて、記号だけのコミュニケーションなんですよ。さらにもう一歩遠ざかると、音信不通。そして、音信不通から関係が復活するときは、またメールから始まるんです。つまり、身体情報をどれぐらいやりとりできるのかというレイヤーを、二人が非常に規則正しく往復しつづけるんですね。でも、そのなかで最後に二人が愛し合っているのが実感できるのは、必ずいつもセックスなんです。メディアの再現性というのはあまり信用していなくて、最後はやはり「会って体を交えないと恋愛じゃない」という感じがある。これだけメディアが進歩してきて、「初音ミクみたいなのもいいじゃないか」という考えがある一方で、単に友達ではなくて、肉体関係を含めての友達が求められているとも思う。一般的にはやはりそれが必要だろうと思うけど、一方で、「いやそんなの二次元でいい」という話が出てきている。それがいまの状況だと思うんです。その「やはりそこは必要なんじゃ」と言う人たちが多いのか少ないのかはわかりませんが、それが櫻井さんの最初の報告で面白いと思った。

櫻井　『恋空』の分析は僕もしてます（平野・会場：笑い）。便乗して一つだけいえば、『恋空』は小説、紙媒体になったときに読むよりも、ケータイで読んでいるときのほうが面白い感じがするんです。同じ文章なんですが、ケータイは一文が短い。本になると、「スカスカだなぁ」という感じになってしまう。ケータイではあんまり長い文章だと、クリックして次に続くような文章は読めないんですね、とてもじゃないけど。だから、非常にケータイ用にできてるという感じがある。原稿用紙からパソコンにあがったときにも文章が変わったらしい。ほんとか嘘かはわかりませんが、ある人の分析によれば、ミステリー小説はパソコンになった瞬間に長くなって、原稿用紙の重みみたいなものから解放されてしまい、ひたすら謎を捻じ曲げられるようになったそうです。つまり書きつらねるメディアから打ち込むメディアに変わったとき、そこに適した文学、そういうものに変わっていったのではないかという指摘があった。内田樹さんも、ブログやりはじめてから、明らかに自分の文章は変わったといったことを言っていた。ツイッターも字数制限があるので、日本人の日本語の使用を制限していく――そんな感じを受けるんですよね。

木原　ＩＣＴやウェブ上、ケータイのツールでもいいのですが、それによって分人に対する監視が容易にやれるし、関係が露見してしまう。そうなると。永遠の純愛の体裁を整え続けるうえでのコストの膨大さといったプレッシャーが、そもそもソーシャルグラフやメディアの行ったり来たりの仕方自体を規定している。人間のほうも楽だからそっちのほうに流れているし、関係もそれにフィットするほうに流れていってしまう。それを前提とすると、そもそもメディアに寄り添って成り立つ関係から次にいこうとするのは結構しんどいですよね。ミクシィやツイッターに普段の生活が常に最適化していっているので、ツールを使って次に踏み出すためには大きなエネルギーが必要になる。さっきの『ロミオとジュリエット』ではないけれども、いままで以上にストーリーを展開しづらくなっている。『攻殻機動隊』で犯罪を成立させにくいのと同じで、「次にいきにくいんじゃないかなぁ」という気がするんです。

濱野　それは、木原さんオジサンだから（笑い）。若い人は若い人でその状況なりの困難を発見できる。

木原　きょう、絶対それを言われると思ってた（苦笑）。

濱野　だって、木原さんは自分で事前の打ち合わせのときに「オッサンくさい世代論やめよう」って言ってたのに、自分から言いだしたんですよ（笑い）。

恋愛はコンテンツを駆動させせるか？

濱野　『恋空』などもそういう意味では、「ケータイなんかずっとメールしてたら恋愛できねーだろ」と思ったらどうしようもないかもしれませんが、「一応できてるね」という話だったわけですよ。三島由紀夫の『春の雪』の話がありましたが、もともと恋愛とは不可能な対象への情熱、神様への愛情だったわけで、人間同士のものではなかった。「絶対不可能」「絶対いない」「絶対ありえない」、だけど「俺、いくよ」という情熱を人間にも振り向けていたら、この二百年ぐらい、恋愛が結構はやったという話だと思うんです。だから僕は、初音ミクに恋愛するほうが自然だと思いますよ。かなり無理やりですが、逆に、もともとの神様への愛といった原義に返るのですから。たぶんポイントは、はたして人間は不可能性に立ち向かって、「よっしゃ、俺やるぞ」みたいな感じのテンションをこのまま維持していくのかどうかでしょう。この問題はどうでしょうね。そういうお

左から木原民雄さん、濱野智史さん、平野さん、櫻井さん

かしな人は確率論的に大体二パーセントぐらいは生まれるから、ほっておいても大丈夫みたいな感じの議論になるのか、または、そもそもいつの時代も九八パーセントはまともな人しかいないんだからといった話にしかならないので、あまり気にしてもしょうがないのかな。いつも僕はそう思っているのですが、どうですか、そのへんは。

櫻井　最近なにかのシンポジウムで、ついに触覚のシミュレーターが発表されたそうです。手に特殊な手袋をはめて、その振動などで「ゴッゴッしてる」とか「ふわふわしてる」とか感じ分けるのでしょうが、もう次に出てくるのは、間違いなく裸体とおっぱいを触った感覚になると思う。そうすると、さっきの平野さんのお話は、性的なセックス、メディアで再現不可能なものとして、肉体に最後の神的な領域みたいなのがあったかもしれませんが、そこもついに浸食されはじめた。濱野さんの話でもありましたが、恋愛の対象も初音ミクみたいな「こいつとは恋愛が絶対に不可能だ」というところに向かうほうが、いまやむしろ究極の恋愛といえるかもしれない。「手近などこにでもいるような、少し頑張れば結ばれてしまう女性を愛するのは本当の愛ではなくて、究極的に結ばれない初音ミクに対する恋愛こそが、人間が描く真の究極の愛の姿だ」といったことを言いはじめる人がいたとしたらどうでしょう。しかもそれでセックスまでできるとなったら、どうなるのだろうかと思う。

平野　僕は最近、よく思うんです。シミュレーションの精度がかなり上がってくると、みんなリアルとの区別がなくなっていくといった話をしてましたが、実際にシミュレーションの精度がどんどん上がってくると、逆にほんのわずかの違いが膨大な差異に思えて、延々とそこが気になるのではないでしょうか。フィリップ・K・ディックの『アンドロイドは電気羊の夢を見るか？』でも、リアルな動物のペットを飼いたいように、「どんなに似てても……」ということになる。一方で、そもそも対象がいるかいないかも関係ないといった、イコンでいいというレベルがあり、もう一方で、櫻井さんのお話の友達のように、「セックスをする」ことと「彼女」を分けているものもある。「恋愛とほとんどいっしょじゃないか」というなかで、「ほとんど」の違いがますます気になってしまうというのはあると思うんです。だから、『FREE――〈無料〉からお金を生みだす新戦略』（クリス・アンダーソン著、高橋則明訳、日本放送出版協会、二〇〇九年）という本でもそうですが、CDや映像がたくさんあるのに、なんでやはりライブに行きたくなるのかという背景には、メディアの再現性の精度が上がれば上がるほど、逆にある種の「不気味の谷」といったものが生じ、「これは本物じゃないから、リアルに触れたい」という感情がかき立てられるという事情があると思うんです。

これはシミュレーションが出たての頃にはあまり見えてなかったものだと思います。最近ますますそういう感じがあって、そこがビジネスになっているとも思う。つまり限りなく本物に近いものを提供しているが、最後のジャンプにはどうしてもお金を払わなければならない。ゴッホの『ひまわり』は、みんなポスターなどでさんざん見ているが、ゴッホ展がくるとどうしても見たくなって、大行列ができる。そういう意味では、ある種のイコンみたいなものがあって、それと擬似セックスのようなことができたとしても、それで満足するかどうかは、かなり分かれると思う。満たされる人もいれば、一方で、逆にそれがリアルではないことが無性に気になって仕方がなくなる人もいるような気がする。

木原　ボットとの愛の果てには何があるの？

濱野　僕ですか？（笑い）。僕がボットを愛してるみたいですけど、してないですよ（笑い）。

確かに、『かたちだけの愛』でも不気味の谷の話が出てきますが、まさにそういうことですよね。不気味の谷というのは、CGの顔をリアルに近づけると途端に不気味になる瞬間があって、それは何なのだろうといったものです。そこで逆にいま起きているのは、「不気味の谷に向かうと確かに不気味だから、粗い感じのローファイな初音ミクなどのアニメを一個置いておくぐらいのほうが意外とみんな感情移入するし、それでいいんじゃない？」といった現象です。このところ、初音ミクのライブを毎年やっています。初音ミクは実際にはいないんですが、ステージ上の三メートルぐらいの大きなスクリーンにCG投射して、ライブ演奏している。もちろん、決め打ちの歌と決め打ちの音楽を入れているだけだから、ライブでも何でもないんです。でもそれを三千人ぐらいの観客が

「わっしょいわっしょい」やっていて、「うわぁ、すっげー不気味」といった感じがある。海外でも結構紹介されて、「なんて気持ち悪いんだ」と海外の人にも言われています。実際はいい感じのイベントなんですけどね。僕はそれ「ニコニコ動画」で見てたんです。でも、見ていると、やはり現場に行きたくなる。「やはりライブのほうが、本物のほうがいいよな」「行きたかったな、この不気味なイベントに」と思っていたら、僕の知り合いの知り合いがライブに行って、その人は現場で見ながら、「あぁ、これ「ニコニコ動画」で見たかったなぁ」と思ったそうです（笑い）。なぜかと言うと、「やはりコメント付きじゃないと、初音ミク見てる感じがしないんだ」と。そのほうがリアルだということですよね。だから、「ニコ厨」――ニコニコ動画好きな人のことですが――になってしまうと、もう何がリアルかの基準がおかしくなりはじめてしまう。最近そのブルーレイが出たので買ったのですが、確かに、ブルーレイで見たら全くつまらないんです。なぜかというと、コメントもないし、結構寒々しい感じがして、「これは640×480で見なきゃだめだな」と思えるのです。フルHDだと逆に気持ち悪い。だからどこにリアルが宿るのかについても、いままでは音質や画質がいいほうに基準が置かれていましたが、それさえなくなる可能性がある。さきほどレイヤー構造の話がありましたが、なんとなく五感で会ってるときが最上級で、メールだけだと最下級といったハイアラーキーはみんなおんなじだと思っていた。しかしこれからは、それさえも崩れていく可能性があるのかもしれない。だとすると、これは相当なことというか、「やばいことだよな」と思いますね。これは直接恋愛にはつながりませんが、たぶん恋愛にも関係してくる話です。

木原　きょうは中継がありませんが、こういったセッションを中継して、そのソーシャルタイムラインがあったほうが参加している感じがある。例えば、家に帰ってから「タイムラインゆっくり追えるところで見たほうが面白かったよね」というのは、いまはありえますよね。さきほどのレイヤーの話で言えば、例えば、恋愛が自己などと至近のスケールでの話だとすると、当然、世界宗教、信仰の話まで同時並行的に全部起きていて、同時に振幅しているような感じがします。僕などは、ここに至って「あ、そうだよね」という話をしているわけですが、櫻井さんは、ずっと前からこのストーリー、あるいはこのコンテクストでモノづくりをされてきたわけですよね。例えば、最初の『スタンド・アローン・コンプレックス』の頃といまとで、なにか違いはあるんですか？

櫻井　現在のＳＦを考えたときに、スペースオペラのような宇宙モノはない。つくりにくいというか、宇宙間をワープするみたいなことを言われても、「はぁ？」「ないでしょう」といった感じになる。しかし例えば、スペースデブリが問題になっていて、そのゴミ拾い屋とか「スペースアストロノート、全然かっこよくないぜ」といった感じの、倒錯したかたちで宇宙を描くんだったらありえるわけです。ＳＦは、ぎりぎり現在のもう少し先、もう少し先を消費してると思うんです。そういう意味で言うと、『攻殻機動隊』は公開したのが二〇〇三年から〇四年ぐらいですが、つくってるときから、「時代に追いつかれるんじゃないか」という不安があり、「二年かけてつくってるうちに、こんなの当たり前になるんじゃないか」と思っていました。「このアイデアはちょっと面白い」「このギミックちょっと面白い」という、ちょっと面白いものを貯めて作品にしていたので、「早く出したい」という思いがずっとあったんです。だから『攻殻機動隊』でも、「毎回毎回、社会ネタや時事ネタをうまく取り込んでいる」といったことを言ってもらっていますが、取り込まないと、逆に何やっていいのかわからない。今度『SSS』、つまり『攻殻機動隊　スタンド・アローン・コンプレックス』という作品の長篇バージョンが出るんです。これまではテレビシリーズを二つつくり、長篇バージョンでもシリーズを二つつくった。そこで「これから何をやろうか」と言ったときに、「じゃあ、日本でいま起きている問題として、やはり少子化と子どもの虐待死、それから老人の孤独死、ニート、このへん全部入れたらどうか」となった。二〇三〇年だと、いま三十代のニートは五十代から六十代になって、みんな中高年になっている。それでますます「孤独死だ」、これはネタとしていけるといった発想でつくっていくんです。そして、犯罪を設計するときには、かっこいい犯罪者じゃないとダメなんです。とてもしょぼいのが自分のお金もうけのために何かやったみたいな犯罪者。こういうのを捕まえても、ストーリーとしてまったく面白くないんですよ。ものすごく理想の高いやつがものすごい犯罪を計画していて、「こいつのやろうとしていることはすげぇな、それは支持できる」といった犯罪でなければならない。だけど、相手は犯罪者だから、主人公である警察は捕まえにいかなければならないというほうが、心情的にグッとくるものがあるんですね。そこで、孤独死を迎えようとしているニートだった老人たちと、虐待されている子どもたちをマッチングさせる犯罪者を考えました。電脳化させるために病院に行く子どもたちを誘拐して、孤独死しようとしている老人の戸籍に入れて虐待死から子どもを救い、老人たちも自分たちの遺産を子どもに残せるようにするシステムを、アーキテクチャとして（笑）考えようとした犯罪者がいたという話をつくっていたのです。でもいまとなっては、「それぐらいだったら誰でも思いつきそうだな」といった時代の空気感になっているかもしれない。そうすると、絶えず数年先を何とか取り込んで一刻も早くリリースすることで、「なかなか先見の明がある」と言われるところを目指し、そこに落ち着かなくてはならない。そういう意味で言うと、最初に『攻殻機動隊』をつくっていた頃とは、もはや全く変わってきたと思いますね。

木原　コンテンツとしてのその作品のリアリティを得るためにそうせざるをえない、不可避であるところをずっとやってるだけだということですね。平野さんの小説のリアリティも言ってみればそうなんですよね。

平野　やはり僕がデビューする前後ぐらい、一九九〇年代には行き詰まり感がかなりあったんです。もうやりつくした感とやられた感。「近代小説は終わった」などとさんざん言われた。でも、確かにそういうとこがあって、結局参照するのが文学史だったり、あるいはローカルな共同体の郷土誌みたいなもの、神話あたりをベースにした試みをいろいろやっていた。その後、そのパロディをやったりしたあと、ちょっと行き詰まり感がありましたが、ゼロ年代以降、急に風通しがよくなって、面白い小説がたくさん出てきたのは、単純に社会が激変したからだと思うんです。9・11も起こった。九〇年代末まではアメリカ帝国主義が世界をのっぺりと包み込んでいて、東西の冷戦もないので、終わりなき日常をずっと生きなさいといったメッセージでしたが、9・11で「ワーッ」となって、そのあと、やはりネットが広まったのが相当大きかったと思います。だから、描く題材が与えられただけで小説に書くことが急に増えたし、「そこに関わっていかなければ」となっていった。昔ながらの、いわゆる文学の狭いサークルのなかでやっていっても、それはそれで喜ばれるとは思いますす。でも、それが面白いと思えなければ、さきほど櫻井さんが言ったように、なにかを取り込みながら「いまって何なの?」と考えるしかないと思うんです。

木原　作品とか小説の賞味期限が短くなっているという感じはありますか?

平野　あります。最近思うのですが、昔の文学や音楽は一見とっつきにくいけれど、二回三回と読み返したり、一年ぐらいずっと聴いてると、だんだんよくなってくることがありますよね。例えば、レッド・ツェッペリンのアルバムなど、あの独特のケルト風のフォークソングみたいな曲を聴かされたとき、最初は「なんだこれ」と思ったけれど、一年ぐらいずっと聴いていると、だんだんよくなってくる。昔は、一枚のアルバムは一年聴くことを前提につくられていたから、繰り返し聴いてるうちに飽きてくるレコードは、モノとしてダメだったのです。本もやはり何度も読むのが前提で、飽きないように、それを読み解いていく面白さがあったと思います。だけど、いまこのスピード感で作品が回りはじめると、やはり一生付き合ってほしいというのは願望としてありますが、それを要求するのはもう難しいんじゃないかと悲観的にもなります(笑い)。少なくとも、そもそものアクセシビリティ、つまりアクセスしやすさをかなり丁寧にデザインしないと、長く付き合ってもらうのはちょっと難しいなと思います。実際にブログの感想を読んでいても、小説の文体の感想は、もう読みやすいか読みにくいか「だけ」です。美しいとか流麗とかいったものは、もちろん読み取ってくれる人がいないわけではありませんが、多くはないですね。

木原　そろそろ時間なので。〔会場の観客から〕ツイッターのほうに「恋愛の話なのになんで登壇者に女性がいないんですか?」「女性目線で言ったら違うんじゃないですか?」といった話がたくさんきていますが、終わらなくなるのできょうは控えさせていただいて、次の機会に譲りたいと思います。

今回のＯＲＦのテーマは「安住なき先駆」ということで、エッジな学生や研究者が集っているという前提で、最後に一言いただきたいと思います。

平野　女性がいなかったというのは確かに問題だと思いますが、それは仕方がないです。小説家はいろんな人物を書くので、女性になったつもりで書いてるところもありますし、だいたいきょう言ったような話はこの一年間ずっと小説を書きながら考えてたことですので、ご興味があればお読みください。

濱野　僕は、〔女性が〕壇上にはいませんでしたけど、客席のほうにはすごくたくさんいたので満足です。以上です。

木原　「恋愛のアーキテクチャ」というタイトルでセッションができたことをとってもうれしく思います。今後も続けていきたいです。今回、みなさん（平野、櫻井、濱野）は初対面ですよね。これをきっかけに、これだけコアなテーマがあって、みなさんにお話することもあったので、引き続きリサーチやクリエイションを通じて展開していきたいと思いますし、恋愛のほかにも信仰や家族の話など、このコンテクストでいくらでもやれそうなことがあるので、ぜひ取り組んでいきたいと考えています。どうもありがとうございました。（拍手）

アーキテクチャとしての恋愛

濱野智史／平野啓一郎／櫻井圭記／赤坂真理／金益見

二〇一一年十一月二十三日。東京ミッドタウン。慶應義塾大学SFC主催の「Open Research Forum」（ORF2011）でこのシンポジウムは開催された。

「恋愛は終わってしまったコンテンツなのでしょうか。昨年は、情報通信技術や携帯端末によって変化する恋愛観や文学作品が変容している状況などを取り上げ、恋愛にまつわるコミュニケーションの課題について議論しました。今回は、女性パネリストも参加し、あらためて恋愛の場や動向について分析し、アーキテクチャとしての恋愛についてその生態系を観察し、未来像を語り合います」（告知）

木原民雄　それでは、「アーキテクチャとしての恋愛」というタイトルで九十分間のセッションを始めたいと思います。私、木原民雄です。インタラクティブメディアの工学系の研究者ですが、さまざまな経緯によって、きょうはコーディネーター兼スピーカーをやらせていただきます。登壇者は私を含めて六人です。パネリストは、まず小説家の平野啓一郎さん、次に情報環境研究者で批評家でもある濱野智史さん、そして小説家の赤坂真理さん、人間文化学者の金益見さん、アニメ脚本家の櫻井圭記さんです。

パネリスト全員　よろしくお願いします。

木原　きょうの構成ですが、最初にAパートを木原、平野さん、濱野さんでお話しし、Bパートを櫻井さん、赤坂さん、金さんでお話しして、最後にクロスするような形を考えています。まず、昨年の「恋愛のアーキテクチャ」というORFのシンポジウムに来場された方はいますか？　十人はいないが、結構いますね。

濱野智史　それは「あんまりいない」じゃないですか？（笑い）

木原　おかげさまで評判もよく、第二回をやることになりました。「2」というタイトルではなく、きょうは言葉を逆さまにして、「アーキテクチャとしての恋愛」というタイトルでやっていきたいと思います。まず、「恋愛」という言葉ですが、二〇一〇年は「恋はツイッター、愛はフェイスブック」といった名言がありましたが、たぶんお立場お立場で恋愛のとらえ方や切り口は違うと思いますので、それぞれのスピーカーの方にこの点はお任せしたいと思います。次に、「アーキテクチャ」ですが、直訳すると「建築」という意味になりますが、コンピュータのプログラムの世界でも使いますし、情報通信のネットワークの分野でも「仕組み」とか「仕掛け」といった意味で使っています。ここではちょっと言葉は悪いのですが、「統制」＝社会に対して何かはたらきかけるときのやり方として、アーキテクチャという言葉をとらえてみます。「人にはたらきかけて、それを持続的にうまく活かし、そういう気持ちにさせるような仕掛けのことをアーキテクチャと呼んでいる」ととらえていただければと思います。前半は、一応去年の議論を踏まえ、一年たった延長線上でまず平野啓一郎さんにお話しいただいて、そこから話を展開させていきたいと思います。では、平野さんお願いします。

許容する恋愛とＡＫＢ

平野啓一郎　よろしくお願いします。恋愛と一言でいいましても、僕は、恋と愛に一応分けるところから考え始めまして、去年『かたちだけの愛』（中央公論新社）という小説を書きました。そこでは、恋というのが、短期的にものすごく燃え上がって、あの人のことがものすごく好きだという状態だとすると、愛というのはむしろ関係の継続性に関わるものなのだということを考えてました。これはたぶんヨーロッパでいうと、エロスとアガペーに対応する言葉だと思います。ですから、これはどちらがいいとか悪いとかという話ではありません。人間というのはたぶん、恋にものすごく燃え上がってあの人が好きだと思ってるときは、その人と結ばれて長い関係、継続する関係性を夢見ているし、愛の状態になってずーっとその関係性が続いてると、ときどき瞬発的に燃え上がるような恋の感じを味わいたくなる、そうすると、不倫したり、その人と改めてどこかへ旅行したりして恋心を燃え上がらせるなどの工夫が必要になる。そういうふうに、恋の感情と愛の感情というのは、恋に始まり愛に発展するし、愛が続いてると恋にまた揺り戻しがある。つまりシーソーみたいなことがずっと起こっているのが人間ではないのか、と考えてました。日本の小説家で、例えば三島由紀夫は、晩年のエッセーではっきりと恋と愛を分けて書いていて、自分にとって愛というのは重要じゃない、恋だけが重要だと言っています。実際、例えば、『英霊の聲』という彼の有名な小説では二・二六事件の将校の霊が出てきて、天皇に対する思いを語るシーンがありますが、そこにあるのは天皇に対する愛ではなくて恋なんです。自分たちの天皇に対する恋、つまり一方的にものすごく燃え上がるような思いが非常に強調されている。逆に、三島と違って谷崎潤一郎は、おそらく恋というよりも愛という感情を重視しています。例えば『痴人の愛』のように、タイトルに「愛」という言葉が入っている作品があります。そこでも、ナオミと主人公が恋を始める部分の描写はたいして重要ではなくて、そのあとの関係性の継続に力点が置かれている。恋愛小説の多くは、お互いに好きな二人がいて、恋し合ってるけれどなかなか結ばれず、いろいろ障害があって、最後に結ばれてハッピーエンドになるか、最後まで結ばれずに悲しい結末になるパターンです。恋のほうがたしかに描きやすくて、愛というのはずーっと継続するものなので、なかなかドラマとして描きにくいところがあると思うんです。

それで、僕は『ドーン』(講談社、二〇〇九年)という小説を書いて以来、「分人主義」「分人」という概念を提唱しています。個人、インディヴィデュアルというのは in + dividual で、in は否定の接頭辞なので、個人とはディヴァイドできない存在であり、終始一貫して分割できない存在なのです。例えば四人の人間を二人と二人に分ける。二人の人間を一人と一人に分ける。最後に残った人間はもう分けられない。それがインディヴィデュアル、個人ですから、分人は、分けるというところをとって、dividualという英単語に対応させています。つまり人間のなかには「分けられる」いくつもの人格がある、と。それがいろいろなキャラやペルソナとして、さまざまなかたちで語られてきました。しかし重要なのは、本当の自分というのがあって仮面やキャラなどを操作的にいくつか使い分けているのではなく、対人関係やある環境のなかに入ると、自然とある人格に分化していくことです。例えば、学校でいじめられて陰気な感じで学校生活を送っているけれど、放課後、どこかの野球チームなどに行くと急に快活になる少年がいるとしましょう。彼はべつに学校であえて陰気な仮面をかぶっていたり、陰気キャラを演じてるわけではなくて、いじめられたりしてるので、おのずと、無意識も含めてそういう人格になるわけです。だけど自分が承認されている野球チームなどに行くと、急に快活になる。これも快活キャラをあえて演じてるというのではなく、コミュニケーションのなかで自然にそうなっているのです。人間のなかにはいくつかのそういう人格、僕がいう分人といったものが常にあって、それが構成比率を変えながら存在している。ある人物が五年前といまでずいぶん変わって見えた場合などは、実は分人の構成とその比率が変化してるために、個性が変わったように見えるのではないか。つまり、ある人の個性が本質としてずっと存在し、それがその人の性格を形づくっているのではない。分人の構成比率のなかには重なり合っているところがあり、いろんな人と接しているとたしかにいろんな自分が存在しますが、何か、ある部分で重なっているところがある。そこにその人らしさといったものが見えてくるのではないのか、というような人間観を提唱しています。

昨日たまたま『クローズアップ現代』（ＮＨＫのテレビ番組）を見たら、最新の現代型うつというテーマでした。これはきちんとした症例につけられた病名ではなく、俗にそう言われているという程度のものでした。うつと診断されて会社には行けないが、夜になると友達と飲みに行って騒いでいるような社員がいる。これは仮病ではないかと言われているが、仮病ではないという内容でした。もしかしたら、いま、うつというのは個人単位ではなく、分人単位で起こっているのかもしれない。そう考えると、理解できることではないかと思ったんです。

　では、分人は前半の恋と愛の話にどう結び付くか。結局、恋の段階ではとにかく相手のことが好きで、「僕はこんなに好きです」「私はあなたをこんなに好きです」でいいのですが、これは動物でいうと、たぶん求愛行動の段階だと思います。孔雀がバーッと羽を広げて、「私を受け入れてください」とアプローチしているわけです。でも、人間はそのあとの愛の時間が結構長い。そこをどう過ごすかというときに、「やはり僕はあなたのことがこんなに好きです」というアプローチをずっとしつづけ、相手からも「私はあなたのことが好きです」ということをずっと確認しあうのは結構しんどい

ものです。それで結局、分人がいろいろできるのだと思います。誰々といるときの自分の分人は好きだけど、誰々といるときの自分の分人はいまいち、というのがある。「恋人といるときの自分はすごく好きだけれど、いやで陰険な上司と二人きりになると萎縮してしまい、しどろもどろになるので、そういう自分はあまり好きじゃない」と。恋愛では相手のことが好きだということがいままでずっと強調されてきましたが、そうではなくて、「誰々といるときの自分が好きだ」という、他者を経由しての自己肯定が非常に重要なのではないかと思います。例えばAさんとBさんという女性がいて、最終的に自分がAさんと付き合うのは、Aさんが好きだという感情もあるかもしれませんが、Aさんといるときにはナイスなジョークなどが言えて、自分も快活になれて、笑顔が絶えず楽しいという部分があるのではないでしょうか。一方、Bさんは美人ですてきな人だけど、Bさんといると話があまり盛り上がらないし、なにか暗いことを言ってしまう。どちらの自分が好きなのか、どちらの自分の分人が好きなのかというときに、Aさんといるときの自分の分人のほうが好きだとなる。それが、ある人と付き合うことの根底にあるのではないかと思います。これは僕の側からの話ですが、逆もそうです。例えば、僕ともう一人別の男性がいて、ある女性が、その人ではなくて僕のことを好きになって付き合いたいと言ったときに、「どうして僕のほうを選んだんですか?」と聞いて、「何々さんよりも平野さんのほうがより好きだから」と言われると、うれしいことはうれしいのですが、「本当かな?」とちょっと思ったりします。一方、「何々さんといるときよりも、平野さんといるときのほうが好きな自分になれる」「平野さんといるときの自分が好きだ」と言われると、もっとリアリティがあるし、別の考え方や納得ができるのではないかと思ったのです。

そういうふうに分人という考え方と、恋と愛とを分ける考え方をしています。

最後にもう一つだけ。最近よく考えるのですが、恋愛観というのはやはり分人ごとに、つまりいまの時間での水平的な関係でもかなり違うとともに、年齢でもずいぶんと違うと思うんです。当然ですが、小学校のときの恋愛観と高校のときの恋愛観、大学生のときの恋愛観と三十代の恋愛観、八十代の恋愛観はずいぶんと違っています。小学生のときに男の子と女の子が好きになったとしても、体の関係までは考えないかもしれませんが、三十代になって誰かと付き合いだしたときに「体の関係は抜きにしましょう」といえば、それはやはり大きな問題となる。そういうふうに、やはり時期によってかなり変わっていくのだと思うんです。何の話がしたいかというと、最近、婚活がものすごく盛んなことです。僕の周りにもたくさんいるんですが、人間は必ず一対一で付き合わなきゃいけないという一つの恋愛観が一般的です。でも「それを社会が押し付けながら婚活させるのは結構酷なんじゃないか」と最近、僕は思っています。一人の人と「真面目に付き合う」のがどれぐらいの期間かはわかりませんが、例えば二年ぐらいとすると、それぐらい誰かと付き合って、そのあと「合わない」と思って別れて、一年ほどインターバルがあって、また一～二年ぐらい別の人と付き合う。そんなことをしていると、二十五歳ぐらいから三十五歳ぐらいまでの結婚適齢期、つまり、子どもをつくるんだったらなんとなくそれまでに結婚したいな、と思っている人が、その十年間で出会える人は三人ぐらいになってしまいます。「その間に理想的な人を必ず見つけなさい」といわれると、一人目と別れたあと、探す側はますますかたくなって、「次は残された六年間で一人見つけなきゃいけない」って、どんどん苦しくなっていく。結婚適齢期にはもっと複数で同時進行の、どこかが重なり合ってるような緩やかな恋愛状態が許容されるべきなんじゃないか。その時期に付き合う人同士も、それをあんまり厳しく責め立ててはいけない。とにかく、その時期の恋愛に関しては出会いと付き合う機会を緩くしないと、仕事もしながら結婚相手を探していくのは難しいのではないかと思っています。それが唯一の正しい恋愛観とは言いませんが、いろいろな恋愛観のなかで生きていくうえで、そういう時期があることを、たぶん社会はまだかなり厳しく否定するでしょう。もちろん、誰かと付き合っていて、「オレ、誰々ちゃんと会ってくるから」などを、あまりおおっぴらにやると、それはケンカの火種になると思いますけど（笑い）。現実的には、そういうことはもうすでに起こっていることでしょう。それを許容しないと、実は婚活みたいなのは難しいのではないかと、最近少し感じています。僕の話はだいたいそんなところです。

木原　何かその、緩い、押し付けない、許容するような仕掛けがあるといいですね（笑い）。

濱野　出会いサイトとか現にありますね。恐らく近い、似ている状況だと思いますけど。

木原　もっと巧妙でエレガントで楽しい……。

濱野　なるほどね。フェイスブックなどでは「この人と付き合ってます」と言っているのに、その相手からは付き合っていないようにみえるとか。

木原　それをちゃんとやるのがＩＣＴエンジニアの責務ではないかと思うわけです。なぜかいま、恋愛というキーワードでは、あまり明るく楽しいことを思い浮かべなくなっているような気もします。いまの話は課題感があっていいですね。

濱野　ハハハ。課題感、いいですね。

木原　では、引き続いて濱野さん。

濱野　はい。情報環境研究者という謎の肩書を名乗っている濱野と申します。よろしくお願いします。きょう、前半は昨年の話を振り返るような感じで話していけばいいかなと思っていました。そもそも入り口として、恋愛について、なぜORFで話すのかという問題点があります。ほかに経済なり政治なりイノベーションなり、あるいは環境問題とか、普通はそういうパブリックな話をするのがこういうカンファレンスの場だと思います。それに対して恋愛というのはすごくプライベートなことで、「そんなの話すことじゃないだろ」「個々人の勝手では」と思うのではないでしょうか。でも、社会学などをやってきた僕からすると、そうは問屋が卸さないのです。「恋愛はプライベートなものだから話すべきことじゃない」と思ってしまっていること自体が、実は近代化以降の、恋愛というある種の社会システムが果たした役割の結果として実は存在する、といったことを昨年度は話しました。近代化以降の社会では個人というのが最重要の単位としてあった。恋愛は、みんなが自由に多様な欲望をもてますが、それは永遠に証明しなくてはいけない、結婚というかたちでずっとつなぎとめなくてはならないという強制力を発揮しました。だからこそ自己責任、つまり「欲望もつのだったら責任とってずっと不倫などするなよ」といった、ある種、個人をしっかりさせるためのシステムとして、恋愛というものが鍛えられていったという歴史があります。フェミニストに言わせれば、「そういう個人同士が結婚して家族をつくって子どもを育てるという仕組みは、ここ二百年ぐらいの資本主義とか産業社会をつくるうえで非常に都合がいいからこそ押し付けられているロマンチックラブ・イデオロギーなのだ」といった議論もしばしばあったわけです。

いまの話を先ほどの平野さんの恋から愛へという話につなげます。ニクラス・ルーマンやミシェル・フーコーの議論を非常に簡略化して説明すると、はじめはポッと情熱をかき立てる恋があるが、それを永遠に証明させていくこと、もしくはこの恋は思い付きではないし嘘ではないことを自己責任として負わせる仕組みがある種の恋愛の仕組みとしてありました。ただ最近、それが壊れだしてもう少し緩くなってきているといます。平野さんで言えば先ほどの分人という話もありますし、のちほど櫻井さんがセフレの話――昨年もされて今年もするんだと思うんですが（笑い）、セフレが端的に示すように、一人の人間とちゃんと添い遂げるロマンチックラブ・イデオロギーが崩れつつあるのではないかという状況認識は、おそらくみなさんは普通にもっていらっしゃると思うんです。昨年、僕はそれを情報化や情報技術の進展ともしかしたら関係があるのかもしれないとお話ししました。恋というか情熱――エロ画像、萌え要素、萌え画像など「ちょっとグッとくる、いいぞ！」というものを発見することは、情報技術が発達していくらでも検索できる仕組みになっています。変な話かもしれませんが、オタクたちは「愛とか永遠に証明しなくても、いくらでもオレの嫁とか見つけられるしな」みたいな状況にあるわけです。愛はというと、「私、永遠にあなたのことを愛してるよ」「あなた、私のこと本当に愛してるの？」という証明ゲームがある一方、情報技術の発展によって監視がすごくしやすくなっている状況があります。フェイスブックで執拗にチェックするとか、ミクシィで恋愛ストーカーをするとか、そういうことができるようになってしまっている。例えば「カレログ」というアンドロイド向けのアプリが話題になりました。アンドロイドの携帯にこっそり潜ませておくと、自分の彼氏がどういう行動をとってるか、どういう着信をしてるかとかがすべて見えてしまうという恐怖のツールが出現してしまったわけですね。こういうものがごく普通に社会に流通し始めていることが、情報化社会における恋愛を取り巻く状況だというのが基本的認識としてあります。

きょうはそんな話をしようと思っていたのですが、最近、もっとヤバイものがあるということに気づきました。それは何かといいますと、実はＡＫＢ48です（笑い）。ＡＫＢ48の魅力をあちこちで、ここ二カ月ほど語ってるんですが。さっぱりわからないと言われたので、図をつくってきました。

でも、たぶん見てもわからない可能性が高いのですが、まず、ＡＫＢの魅力をいくつか図で説明していきます。いままでのアイドル、もしくは一般の芸能人やタレントでもいいのですが、彼ら／彼女らはブラウン管の向こう側にいるのが普通でした（図：従来のアイドル）。ＡＫＢというのは「会いに行けるアイドル」と言われていて、劇場にいけば会えるし、しかも握手というインタラクションできる。ちなみに、いまのＡＫＢ48は劇場に抽選でなかなか当たらないので、ちょっと嘘がありますが。それはとにかく、劇場に行けば生身のタレントをすぐ目の前で見ることができる。そのうえ、握手会というのがあって（図：会いに行けるアイドル）、ＣＤが発売されるたびに初回限定盤などをネットで予約したりすれば、買った枚数分だけ握手できる仕組みになっています。ちなみに僕は今度のシングル『上からマリコ』を、十枚ほど買っていて、それだとだいたい七十秒ぐらい握手できることになるんです。分人ではありませんが、ＡＫＢはそれこそ四十八人以上、バーッといろんなキャラクターがいるので、自分好みのコがだいたい一人ぐらいは見つかるのです。それをとりあえず決めろという、そういう仕組みになっている。さらに総選挙（図：総選挙）という仕組みがあって、何十人もいるアイドルのなかから自分が推しているコの順位を選挙で決める。みんなで投票するわけです。僕が好きなのは北原里英ってコなんですが、十三位なんですね。ちなみに十三位で何が問題かというと、テレビや雑誌の表紙などに頻繁に露出できるのは十二番までという制度になっているからです。だから十三位になるか十二位になるかで人生にものすごい差が生まれてしまうし、収入の差が出るという変な話なのです。しかもその差というのは、場合によってはたっ

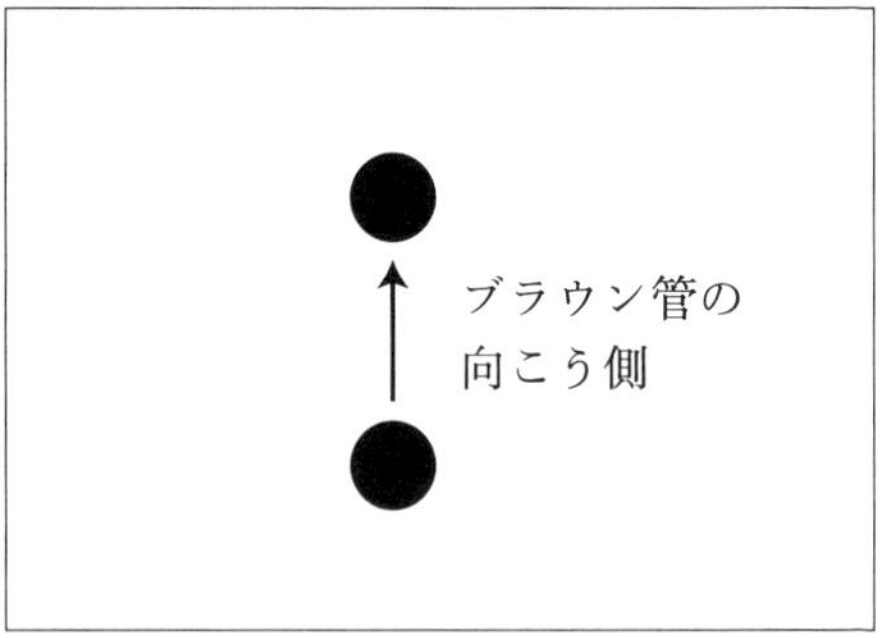

従来のアイドル

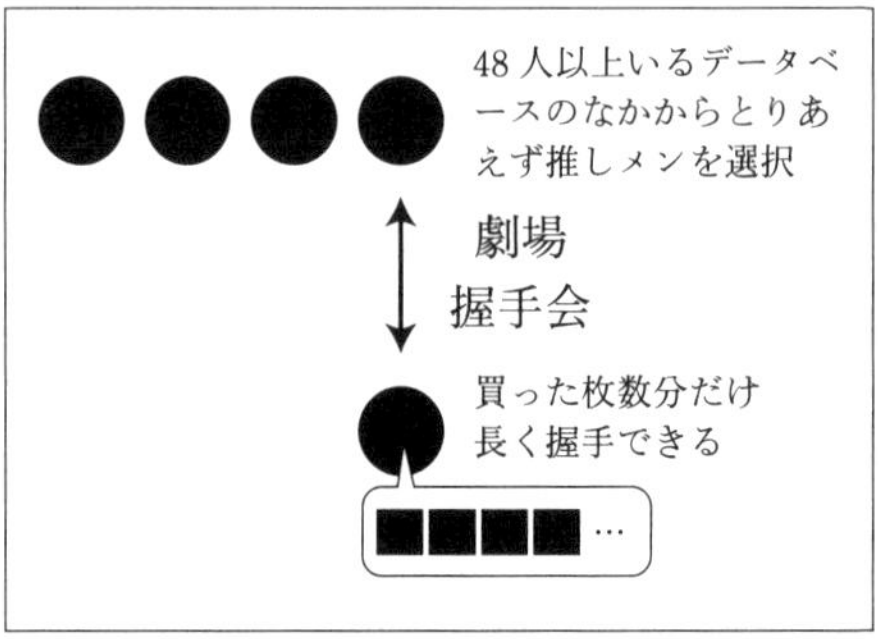

AKB48: 会いに行けるアイドル

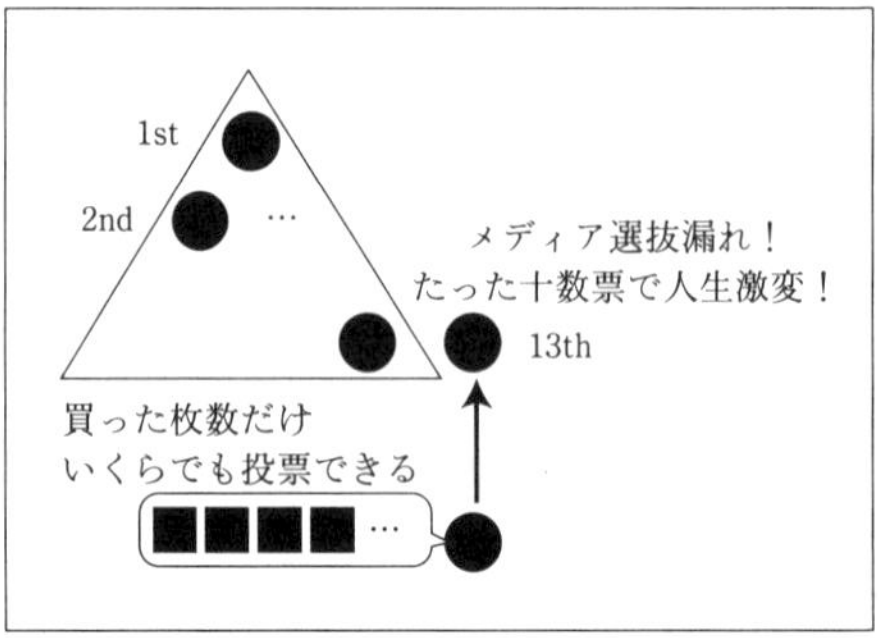

総選挙

た十八票ほどの違いでしかないんです。なので、「たった十数票で人生変わるのか、だったら俺もりえちゃん応援しなきゃいけないかな」と思って、ＣＤを二十枚とか三十枚買ってしまうという、そういう搾取の仕組みがあるわけです。

でも、「搾取」「ＡＫＢ商法」などと言われたり、いろいろ批判されたりしていますが、それを回収する仕組みももっています。今年の六月におこなわれた第三回の総選挙で、第二位の大島優子さんがこういうことを言ったのです。ＡＫＢを批判するとき、「一人一票なんて選挙じゃない。汚い

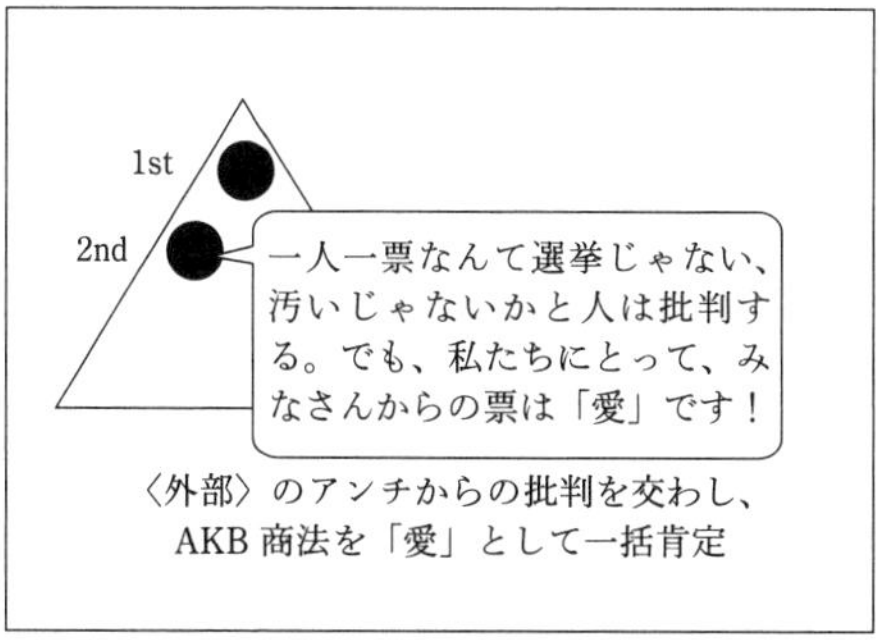

1st
2nd
一人一票なんて選挙じゃない、汚いじゃないかと人は批判する。でも、私たちにとって、みなさんからの票は「愛」です！
〈外部〉のアンチからの批判を交わし、AKB 商法を「愛」として一括肯定

第3回総選挙第2位大島優子の演説

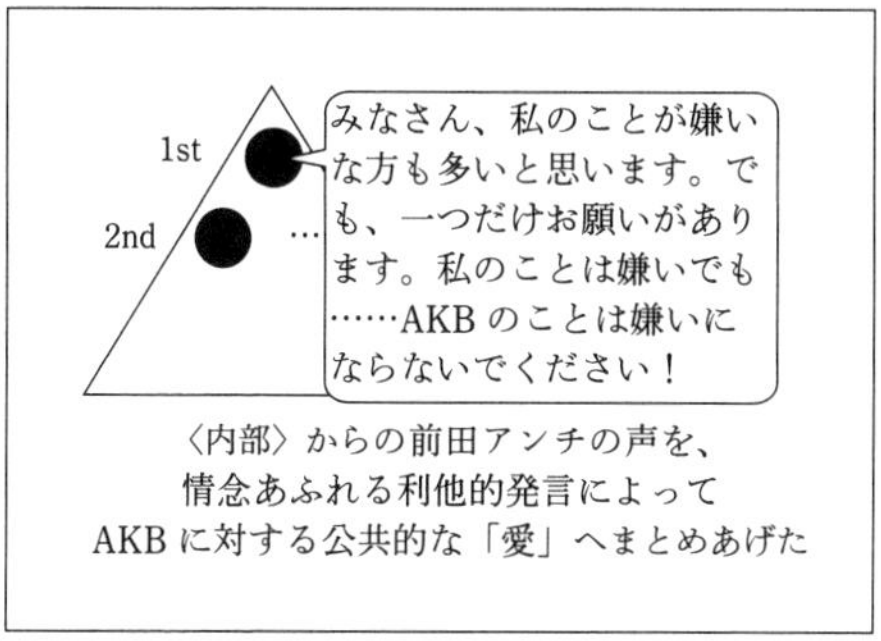

1st
2nd
…
みなさん、私のことが嫌いな方も多いと思います。でも、一つだけお願いがあります。私のことは嫌いでも……AKB のことは嫌いにならないでください！
〈内部〉からの前田アンチの声を、情念あふれる利他的発言によって AKB に対する公共的な「愛」へまとめあげた

第3回総選挙第1位前田敦子の演説

じゃないか」とみんな言う、と。いやしかし違う、「私たちにとってみなさんからの票は愛です」と、ＡＫＢアンチからの批判を一気にＡＫＢ愛として大肯定させる発言をし、会場のヲタは大熱狂したわけです（図：第三回総選挙、第二位大島優子の演説）。さらに同じ総選挙で一位の前田敦子さんは何を言ったか。前田敦子さんというのは、みなさんご存じだと思いますけど、そんなにかわいくないわけですね（笑い）。僕はあっちゃんをすごいかわいいと思ってますが、一般的には、「なんでこのコがセンターなの？」ってみんな思っています。特に「２ちゃん」（「２ちゃんねる」）ではすごく叩かれている。「顔面センター」だの、「浜ちゃんに似てる」だの、さんざん言われてるわけです。しかもあっちゃんは、この情報化社会のアイドルなので当然エゴサーチなどでそのことを知ってるわけです。そこで、何と言ったかというと、「私のことが嫌いな方が多いと思います」と。前田アンチ多いでしょうと。それに続けて、「でも一つだけお願いがあります」「私のことは嫌いでもＡＫＢのことは嫌いにならないでください」、すごい泣きながら話して、ガーンと衝撃を与えました（図：第三回総選挙、前田敦子の演説）。ＡＫＢ、前田敦子アンチだった人も、この前田敦子の利他的な、非常に情念あふれる発言によって、ＡＫＢ、前田敦子を批判したら、「やはりＡＫＢ愛さなきゃダメでしょ」、という感じで一気にまとめ上げられてしまった。これで、会場のＡＫＢヲタ大絶叫という状況があったんですね。

　何のことかという話になってきていますが、ポイントはＡＫＢがひたすら愛に満ちているということです。もちろん普通の意味での愛ではありません。一方ではＡＫＢ商法というか、カネでＣＤを買って、それが投票につながっているからです。普通は市場というのはカネに汚いものです。しかし政治というのは、いまの日本ではそうではありませんが、本来であれば誠意や愛といった世界だ、と。少なくともＡＫＢの総選挙は、ファンのメンバーへの愛に満ちている。もしくは「2ちゃん」でアンチに叩かれながら、一方では握手会で、一枚七秒単位でみんなにやたら応援され、「がんばってね、あっちゃん」「がんばってね、あっちゃん」と言われるわけです。

　こういうのは、ユルゲン・ハーバーマスという社会哲学者に言わせると、「システムの生活世界」化といって、普通は相容れないものだと思われているわけです。普通、愛というのは生活世界だけの問題であり、お金もうけのシステムのほうでは粛々と機械的に世の中が運営されていて、全然愛に満ちてないという対立がある。しかしＡＫＢの場合は、生活世界とシステムという二つの制度を握手会や選挙という仕組みで思い切りくっつけてしまうことで、アイドルのファンが非常にマジの愛に感染しやすいというか、「本気でやってます」という状況になりやすい環境として、まさしくアーキテクチャがつくられている。それによって前田敦子のような、もしくは大島優子のような、謎の責任感あふれる主体が生まれ、それにコミットする信者というかヲタが生まれるといった、ある種のカルト的な状況が生じているのです。「だから何だ」と言われても困りますが、一応、僕なりにきょうはこんなことを考えました。

AKB48の二重構造

市場（消費）	政治（投票）
カネ	誠意・愛
2ch/CMC	握手会 / F2F
匿名アンチからの批判	実名ファンからの応援
システム	生活世界

　ＡＫＢみたいな非常にわけのわからない仕組みがあって、こういうものにハマれるんだったら、いまの若い人たちは恋愛にも政治にも興味もたないな

と思ったのです。普通に恋愛するより、AKBなのです。ちなみにいま、手元に『AKB48握手会完全攻略ガチマニュアル』（コスミック出版、二〇一一年）という本がありますが（笑い）、これを読むとほんとに面白くて、普通に恋愛をするよりもこちらのほうが面白い。ゲーム化されてしまっていて、攻略の感覚なんですね。変な話かもしれませんが、実際に女の子を落とすよりもよほど開かれていて、しかもやりがいがあるゲームになってしまっている。これはまずいなと思います。最近、世界中で革命なり暴動なりデモが起きていて、「なんで日本の若者はそういうことやらないんだ」という話がありますが、AKBなどがあったら、暴動とかするよりこっちのほうが面白いですよ。オッサンは、あるいはオッサン世代の評論家や知識人は、「だから日本の若者はダメだ」という。「AKBなどで現実から目を背けて、おまえら世の中変える気ないのか」と言われますが、僕の考えでは、異様に奇形的に進化したシステム、変なものが生まれてきてるんですね。既存の恋愛などを超えた、謎のすごいシステムが、AKBというかたちで生まれてしまっている。「これを何かに使えないかな」というのがあります。それが何に使えるのかはさっぱりわかりませんが。僕の関心は以上です（会場：微妙な空気）。まあこういう空気になるだろうなというのはわかっていました（爆笑）。ちなみにAKBは、みなさん、木原さん、平野さん、どうですか？　好きなコいますか（笑い）？

平野　いやあの、「なるほどな」と思いながら聞いてました。

木原　濱野さんのこの話を聞くのは、この二カ月くらいで四回目くらいですが、この結論と展開を最後寸止めにしてる感じはわざとやってるの？

濱野　いや、時間もありますし。

木原　あとにしようか。じゃあ櫻井さんにバトンを渡して。

婚活・韓流・ラブホテル

櫻井圭記　はい、バトンタッチでパートBに移ります。まず赤坂さんに婚活の話をしていただくことになっていますが、そのつなぎとして、いまの濱野さんの話を受けて僕の方から少し話したいと思います。ちなみに僕はもう一つの、かつて時代の趨勢を握ったモーヲタの一人なんです（笑い）。つまりアイドルに関しては僕もいろいろ話したいことあるので、ここではセフレの話はやめます。さきほどの恋から愛に移行していく途中過程で、平野さんは「そこを行ったり来たりするのではないか」といったことを話しておられましたが、永久にそこの過程上にある、恋から愛に発展していく途上に起き続けるというか、片思いを構造化していくというか、アイドルにはそういうところがあると思うんです。それは昔からそうなんです。例えば騎士道。大澤真幸という、僕が非常に尊敬している社会学者も、「恋愛の不可能性」について書いてますが、不可能であればあるほどいいわけですね。騎士道の恋愛というものは、基本的に自分の上司の奥さんだったりするわけです。それは、上司の奥さんが特別きれいだといったことではなくて、「上司の奥さんである」という属性に、すでに絶対に手が届かないものが構造化されているから、そうなるわけですね。アイドルもずっとそうだったわけです。そこをAKBはさらに意識的に構造化していると思う。つまり、手が届きそうなわけですから。

濱野　握手ができますからね。

櫻井　握手ができるし、SKEの人だと、「『ドラクエ』クリアできましたか？」とか言われるわけです。そして「憶えててくれたんだ、『ドラクエ』やってたこと」となる。

濱野　認知問題ですね。

櫻井　そういうことがあると、昔の松田聖子がアイドルだった頃よりもさらに片思い感が増してるわけです。届かないことはわかっているし、届きそうでもダメなのです。でも届きそうで届かない感じがうまく演出されているなと思います。しかも十三位と十二位が違うというところも、うまく構造化されて。濱野さんは、四十八位のコにはやっぱり惚れないと思う。十三位だから惚れるんですよ。

濱野　そうです（笑い）。

櫻井　やはり、自分の片思いが届くか届かないかのコのところに、恋愛の対象がいくようになっている。

濱野　うんうん。

櫻井　そこがうまいところだと思うんです。僕はアニメの脚本家をやっていますが、萌えってものもまったく同じだと思うんです。萌えというのは要するに、燃焼のバーン（burn）ではない。燃えてはダメなんです。ムニュッと心の中で、焔のようなものを愛で続けるんです。それは花開いてはダメだし、ましてや燃えてはダメです。そのムニュッとしたものを永遠に慈しみ続けるということだと思うんです。萌えの話は長くなってしまうので、ここでやめておきます。

それでは赤坂さんの話を。なぜきょう、赤坂さんと金さんをお呼びしたかということですが、お二人とも僕が声をかけさせていただきました。去年のORFは、木原さん、濱野さん、平野さんと僕の四人でやったんですね。評判は、たしかに木原さんがおっしゃるようによかったのですが、「なんで恋愛のことしゃべってるのに男ばっかりなんだ」と、すごく問題視されました。

濱野　早速もうアイドルの話しかしてないし（笑い）。

櫻井　もてない男の典型みたいになってしまっているので、「これはやっぱり問題だろう」と思いました。現実にさらすためにも、厳しい女性の目からビシッと、ダメンズに意見してほしい。赤坂さんは昔からの友達なんです。あ、友達というのも失礼かもしれませんね。

『モテたい理由』（講談社現代新書）、講談社、2007年

赤坂真理　友達です！

櫻井　尊敬している方で。有名な小説家なので、もちろんみなさんご存じだと思います。著書の『モテたい理由』は名著です。僕はこれで「あ、赤坂さんに来てもらおう」と思って声をかけました。最初渋っておられたのですが、なんとかきょうお呼びすることができました。

赤坂真理さん

金さんはみなさんもご存じと思いますが、『ラブホテル進化論』（文藝春秋、二〇〇八年）を書かれています。やはりラブホテルは、日本の特徴的なアーキテクチャの一つだと思います。アメリカにもモーテルがありますが、日本のラブホテルというのは、もちろん車で乗りつけられるところもあるとしても、基本的には繁華街に集中していて、「飲んだ勢いで」みたいなことがありえるわけです。モーテルはそうじゃないわけです。飲酒運転になってしまうから。そういうところを含めて、日本ならではのアーキテクチャを論じていただくには赤坂さん、金さんが適任なんじゃないかと思ってお声をかけました。ではお二人の話に移りたいと思います。では赤坂さん、前置きが長くなりましたが、よろしくお願いします。

赤坂　すみません、櫻井さん、私、渋ってましたか？　恋愛や恋愛をめぐるメディアのこと、一時期考えすぎてもう疲れちゃったんです。でも、声をかけていただいたのは光栄ですし、うれしかったです。「アーキテクチャとしての恋愛」ということで、私は「「草食系」と◯活のアーキテクチャ」というタイトルをつけてみました。アーキテクチャというかぎりは、恋愛というのが当事者同士の自然なものではなくて、どこかにそれを観察している者がいる。その振る舞いを見て、「あ、こういう構造になってるのね」と利用して、そこに当事者もハマっていくという、そういう構造があると思います。まず聞いてみたいんですが、草食系男子について、「自分がそうだ」とか、「周りにいる」という人はちょっと手を上げてみてください（会場の観客、手を上げる）。結構いますよね。

でも草食系男子というのは本当にいるのでしょうか？　草食獣が草を食べてるからやさしいというのはただの誤解です。草食獣でも性は絶対に必死です。草食獣の争いはものすごく必死で、流血ものです。それから、ここが大事なポイントですが、肉食獣といっても、決して同種の雌を狩ったりはしませんし、そんな狂った獣はどこにもいません。でも、なんで人間はそういったメタファーで語りたがるのか。さきほど恋と愛の話がありました。その瞬発的なものを喚起するために、ぎりぎりの攻撃性にちょっと似た何か——攻撃性そのものでも暴力性そのものでもない何か——が必要で、それを人間は本能レベルで知っているために、狩りの比喩を使っても平気なんだと思います。それで、「草食系男子」という言葉がこんなにポピュラーな言葉になったんだと思います。草食系男子が性愛に消極的な男の人、ひいては万事消極的で受けの姿勢の人だとすれば、それは何だろうと考えたときに、「もしかして戦後民主主義教育の一つの達成では」というふうに、私は考えてきました。「危険などを極力排除した結果の産物かな」と思っていたのです。だとしたら日本社会が望んだことそのものだし、たぶん日本社会と日本の女たちが、手塩にかけて育てたものだろうと思うんです。恋愛を産業ぐるみで女性

「an・an」の恋愛特集

「an・an」の恋愛特集

主体のものにしていった過程は、一九八〇年代ぐらいから連綿と続いて、いまに至っています。しかしその結果、「恋愛が面白くなくなったわ」と先に感知してるのも女なんです。私は女性誌の分析などもやっていたんですが、この頃、女の子たちが手塩にかけた草食系男子を見捨てはじめてるという、ちょっと危うい兆候を感じています。

その証拠が「an・an」の恋愛特集です。ちょっと見てください。「韓国男子と恋をしたい」「韓国男子と恋をするには」。この雑誌の記事のタイトルは、「ターゲット別大分析」「男の選び方・落とし方」「気になる彼の職業は、年代は、彼女の有無は」で、年収は言っていないのが面白いですね。「an・an」だからちょっと恋愛至上主義なのかもしれません。そして、「韓国人男子」。これには日本社会が排除してきたものが自然に備わっています。戦争をリアルに感じ、兵役があって、男の子が体を鍛えるのは当然、男は男であって当然、これに対する日本女性の言葉を見ているとなかなか凄い。「Sっぽくされたい」とか、ちょっとバカかなとか思ってしまいましたけど（笑い）、「暴力性」に似たものに反応しているところが、ポイントなのです。人間というのは感情が動くことにすごく喜びを感じるところがあると、さきほど平野さんが話していましたが、停滞したところに感情が動くとすごくうれしいというのがある。そこに、つまりは日本社会が排除してきたものに、情動の糸口を見いだしているんではないかと思います。そしてこの男たちを攻略するにはどうするかという、さっきのAKBの話ではないけれど、女は女でそういうのがあって髪形はこうとか、ベッドで女がリードしないとか、「韓国男性は女性にリードされるのに慣れていませんから、ベッドで慣れてるように振る舞ってはいけません」とか、嘘でも「「初めてです」と言いましょう」なんて書いてある。「ああ凄いな」と思いました。私は韓国男子に悪い感情はないです。日本のマスメディアが考えなしすぎます。また、殺し文句も伝授されていて、「お兄ちゃん《オッパ》」と甘えると韓国男性は弱い、とか、頼られた気がしてがんばれる、とか。韓国の女性は恋人や夫に「お兄ちゃん《オッパ》」と言うからだと。〔金さんに〕それは本当に言うんですよね？

金益見　言いますよ。

櫻井　やはり、向こうは妹萌えなんじゃないですか？（笑い）「お兄ちゃん」と呼ばれたいという。

赤坂　なるほど（笑い）。人はやはり心を動かしたい存在なんですね。だけど日本で恋はしにくくなって、だから婚活が出てきたけど、婚活はますます恋を抑圧している。そこで一気に恋へと向かうパッションが、日本の戦後社会が封じてきた「戦争」の匂いにこそ、端的に反応――こう言ってよければ欲情――しているのが、無自覚すぎて危うく思えました。凄いを通り越して、ひどいな、と言いたくなりました。身近な男を「草食」に飼い慣らしてきて、飽きたらポイなのかと。そこまで歴史に無自覚なのも、同胞男子にあまりに冷たいのも、ひどいと思います。もちろん、人をデータベースと見る婚活もひどい想像力な気がしますけど。就活や婚活に資本が参入して、人の人生のあらゆる局面に○活というのが現れたのは、二〇〇〇年代でしょうか？

櫻井　言葉自体はもう少し前からあるかもしれませんが、そういうイメージでとらえられるという意味ではそうですね。

赤坂　「○○活」というものの背景には就職氷河期があって、それが結婚氷河期につながったのではないかと思っています。いままで若い人間同士の恋愛と結婚を支えていたものは、実は企業ではなかったかという直感も持っているんです。日本文学者の小谷野敦さんと話をしたときに、『三四郎』（夏目漱石）が画期的だったのは、美禰子と三四郎が同級生という点だったことだと指摘されました。小谷野さんによれば、それまで女性が同級生と結婚することはありえなかったのです。そのときに目から鱗が落ちました。たぶんそれがポピュラーになったのは団塊の世代からですね。終身雇用ができて、その身分が企業に保証されて、若い人間が大学を出て結婚できるようになったんです。いま現在は、お金がなくても物が買える、ローンができるようになるのと同じですよね。その人生コースに乗るためには、受験システムを勝ち抜く必要がある。逆に言うと、それを勝ち抜きさえすれば、人生の残りは全部もれなくついてくるといった仕組みが確立されて、三、四十年ぐらいもったでしょうか。それが、皮肉なことに当の団塊世代の子世代あたりから崩れるのです。そうしたとき、それがなくなった当事者がどうしたかというと、全部受験のノウハウで人生を押し切りたいといった感じの欲求をもったのだと思います。受験の上がりというのはもうないけれども、それしか慣れた方法論がないという感じで、マッチング産業がドーッと入ってきた。マッチング産業の売りは、分母数を増やすことです。要するにお見合いと似ているのですが、分母数がもう桁違いに多いのです。一方でデメリットは、効率が最初で心が二の次になっていくこと、そしてデータではじかれたなかにいいものがある可能性があることです。三十五歳とか、あるいは自分より三歳上ぐらいまでで切ると、五歳上にいい人がいても八歳上にいい人がいても、わからないわけです。そのようなことで、人が出会う力が実はこれによって削がれてるのではないかといった感じをもっています。「〇〇活」にもこの頃いろいろあって。就職するときは就活をして、しかるべき年になったら婚活をして、女性だったら妊娠活動というものまであるようで、ちょっと頭が痛くなってきますね。

櫻井　妊活というのがあるんですか。

赤坂　あるんです。でも女性がなぜ焦らされるかというと、たぶんそちらのほうが本質的なんですね。

櫻井　結婚適齢期よりも妊娠適齢期のほうの問題が大きいから、それが逆算で結婚適齢期のほうに引っかかってくるということですね。

赤坂　そう、究極的にはやはりリミットがあるのも知っているからだと思います。いまは、わりと身も蓋もないことになっていて、親婚活というのもあるらしいです。親同士が会って、「うちの娘はこうなんですよ」とか、釣書を交換しあうのです。

櫻井　それは昔のお見合いみたいな感じですね。

赤坂　そうなんです。だから行き着くところまで行ったように見えるのですが、先祖返りとも言えるし、本質があらわになってるだけとも言える。「要するにお見合いじゃない？」と、婚活なども援助交際といっしょで言い換えて「お見合いじゃないのよ」と言っていたのですが、「お見合いじゃん」という身も蓋もなさが出てきた。

櫻井　「お見合いじゃないのよ」というのは、「お見合いだとちょっとイヤだ」といった感覚も刷り込まれている感じがありますよね。ロマンチッククラブ・イデオロギー的な刷り込みがある。「べつにお見合いでいいじゃん、何が悪いの」と思いますけどね。それはやはり戦後民主主義的ななかで、恋愛至上主義が親同士のそういう行為を排除してきたんですかね。でも、その復活がいま望まれてるというか、若い人たちにとってみれば、逆にそういうものが反発すべきものではなくなってきているというか。むしろ「親が会わせてくれるなら会わせてくれよ」みたいになっている。

赤坂　どうなんでしょうね。そこまではわからないですね。

櫻井　それから、赤坂さんは韓流にも興味があるという。どんなところが面白いですか。

赤坂　韓流が面白いのは、恋愛にもれなく親が出てくるところです。そして、「あのコはダメだ」とか、親がすごいじゃまをしたりする。日本のドラマを見返していると、いわゆるトレンディドラマ、ラブロマンスのドラマは、親と切り離したものだった。日本のドラマは一貫してそうです。ホームドラマはホームドラマで別物としてあって、ラブは親抜き。そして、それを支えていたのが企業だろうというのが私の考えなんです。

櫻井　なるほど。韓流を見てる若い人たち――若い人たちは見ているのかな。そして、そういう人たちの心理はどうなのかな。「これはファンタジーだな」と思いながら見ているんですかね。上の年代の人たちだと、「昔はこうだった」「日本もそうだった」といったように見ているのか。

赤坂　金さん、どうでしょう。リアルですか？

金　儒教精神が強く残っているので、親というのは非常に大事です。韓国男性はオモニをすごく大切にしますよね。息子は、お父さんよりも、たぶんお母さんの理想的なかたちで育てられていると思うんです。だからお母さんの好みが息子にそのまま反映されるので、息子の彼女に関してもいちいちすごく気になることはあるかもしれない。親子のつながりが非常に強いんです。ただ、韓流は

韓国と日本という感じで、在日をちょっと飛び越しているんですよ。在日はその中間にありますね。

櫻井　なるほど、わかりました。では両方の価値観と若者の文化にもたいへんお詳しいので、金さんのお話をいったん聞いたあと、またクロストークに移らせてもらいたいと思います。

金　私はラブホテルにしか詳しくないので……（会場：爆笑）。金益見《キムイッキョン》と申します。面白い名前でしょ。日頃は大学で授業をしていますが、そこでは基本的にはラブホテルの話はしません。そこで、きょうは気合いを入れてラブホテルの話ばかりしたいと思います。中身の恋愛云々の話は後で……どちらかというとここでは箱の話です。

櫻井　箱、アーキテクチャのほうですね。

金　そうです。箱が日本のなかでどのような変遷を遂げてきたか、かつ日本の特殊性みたいなものをお話しできたらと思っています。私は『ラブホテル進化論』という本を出しましたが、大学生に読んでいただきたいと思って書きました。なぜ私がラブホテルを研究することになったのか。私が大学生だったときは一九九〇年代で、情報誌でラブホテルが特集され始めた初期の頃でした。卒業論文のテーマを探していたときに、電車に乗っていたら「ＫＡＮＳＡＩ１週間」の中吊り広告があって、そこでラブホテルを特集してたことに本当に衝撃を受けたんですね。というのも、私のなかでラブホテルというのは非常にダークな、殺人事件、東電ＯＬ、犯罪といったイメージだったのに、なぜか「ＫＡＮＳＡＩ１週間」では明るく楽しく、「ラブホテル、イェーイ！」みたいな感じで紹介されていて、そのことに非常に衝撃を受けたのです。そこで、大学に行って同級生に言ったんです。すると同級生も「エーッ」とビックリして、「それが情報誌でやられてるの？」という感じです。

文春新書
620
ラブホテル進化論
金益見
文藝春秋

『ラブホテル進化論』（文春新書）、文藝春秋、2008年

え、行きますよフツーに。
デートで。朝から。
あ、先輩いま変なこと考えてるでしょ
なんでバレたんかな…

した。でも後輩に聞くと、「行きますよ、普通にデートで、朝からラブホテル」と言うんですよ。

櫻井　このイラストは金さん？

金　はい。そのときに「あ、先輩、いま変なこと考えてるでしょ」と後輩に言われたぐらいで、私も、「デートで朝から行く」なんていうと、そういう想像しかなかったわけですよ。この後輩は「彼氏と朝から」と想像してた（笑い）。この価値観の違いに驚いて、ラブホテルの変遷に興味をもったのです。ラブホテルの研究が継続できたのは、オーナーに秘密があって……。調べていくと、ラブホテルはオーナー手づくりの工夫満載なんですね。「世間の何かを読み取って」といった話ではなく、オーナーがゴルフで勝ったからロビーにトロフィーを飾るという感覚、つまり「かっこええやろ」みたいなところから、手づくり感覚のものがなぜかちょっとウケるようになると、全国でまねしはじめるという現象が起きた。ラブホテルはそういう意味では、最初の頃はほとんどお客さんのニーズを汲み取ってたわけではないのです。そんなことが調べていくなかでわかって、「面白いな」と思ったんです。

回転ベッド

ラブホテルというのは「セックスをする場所だ」と認識されていると思います。例えば小説や映画に出てくるときでも、実際にセックスをしようがしまいが、セックスをする場所としてのイメージがあり、それが描かれてきたと思います。けれどもある時代から、ラブホテルはセックスする場所ではなく、セックスを楽しむ場所に変わってくるんです。ちょうど一九七〇年代に入ったあたりから、それまで空間だけを提供してたラブホテルがいろんな仕掛けを取り入れはじめました。いちばん大きかったのが回転ベッドです。もともとの名前は電動ベッドなのですが、いろんな動きをするベッドがあり、そのなかで、実際に回転する回転ベッドだけがすごくウケて残りました。これは鏡と組み合わせたからなんですね。ベッドが回転するだけだと面白くないと思うんです。でも、鏡と組み合わせてベッドが回転していくと、その鏡に自分たちのいろいろな姿が映るし、それが楽しいから〝楽しむセックス〟というかたちでウケたのです。これに恋愛の要素を少し入れて考えてみると面白い。回転ベッドはいまではほとんど残っていませんが、ある人にインタビューしたときにその人が教えてくれて、回転ベッドを見に行きました。その人が初めて体験した場所が回転ベッドのあるホテルで、その人は「とてもいやだった」と。初体験なのにいろんな位置から自分の裸と相手の裸を映される。カエルのような状態の自分たちを見て、「うわー、イヤだな」と思った。ということは、さきほど「楽しむセックス」と言いましたが、回転ベッドなどがある時代までは、どっちかというと「玄人《くろうと》さんとお客さん」という要素がホテルのなかでは強かったのではないかと考えています。それが、だんだん素人《しろうと》さん同士が使うようになってきた。私の研究のきっかけとなった、後輩の話もそうですよ。でも、素人同士が普通にデートでラブホテルに行くようになったのはなぜだろう。

それに、各地にお城も出現するんです。写真の左が関東のお城で、右が関西のお城。

櫻井　これは何かアーキテクチャとしての違いはあるのでしょうか？（笑い）

金　東京のほうがシックで、関西は「どや！　どやこれ！」という感じ。これもオーナーの手作り感覚で、お城は世間のニーズだったわけではない。広告の代わりにもなりましたが、「こんなん建てたらどやろ」とラブホテル側が突っ走ってる感じなのです。

そして、ラブホテルは「セックスを楽しむ場所」から、さらに少し変化します。「セックスもできる場所」に変わるのです。食材にこだわった手作り料理が食べられるラブホがあって、「初めて行ったとき感動した。いまでもまめに通って、エッチもそこそこに食事を堪能しています」といった読者投稿のなんかもあります。

右が関西のお城、左が関東のお城

もともとセックスをするためだけだった場所が、楽しむ場所に変わり、いまではセックス「も」できる場所に変わっているというのが現状です。昔は目隠しフロントで、どちらかというと悪いことをしてるような感じがあり、ちょっと淫靡な雰囲気がありました。法律改正の関係もありますが、いまはオープンフロントが増えていて、レストランに行くような感じ、普通のホテルに行くような感じで、どんどん開かれています。また回転ベッドが、普通の寝やすい高級ベッドになったんです。例えば目黒エンペラーでは、百万円もする高級ヘブンリーベッドが設置されています。ベッドがくるくる回っても普通の女の子は喜ばなかった。そうではなくて「普通に寝やすくて気持ちいいほうがいい」ということで、だんだん変わってきたんです。ケーキが無料で付いてくるラブホテルがあり、食事メニューもなかなかです。レディースプランが

今日は3人でレディースプラン!
ここがウワサのレジャーホテル
ドリンク・フードの無料サービス!
こんなにおいしい食事も無料!
カラオケ・映画等、遊び放題!!
みんなで楽しくカラオケパーティー
サロン ド シェールへGO!!
女性のあこがれ、エステ体験
心地よいやすらぎと癒しの空間
ココロもカラダもリフレッシュ!!
ハーブティーでリラックス
次の予約はいつにしようかな
レディースプラン

設けられているホテルでは、近所の奥さんたちがラブホテルに行って食事を堪能し、カラオケをし、エステをする。そういう時代になってるんです。

櫻井　「オバサンぽく」「きょうは、昼、ラブホテル行ったのよ！」

金　面白いですよね。

赤坂　女の人だけの写真もありますね？

金　これがレディースプランです。

櫻井　レディースプランということは、もう完全にセックスを想定してないわけですよね。

金　そうです。それもここ十年ぐらいの移り変わりなんです。なぜこんなに変わったかというと、実は「ラブホ」という言葉の出現が大きいのではないかと思います。最初のほうで説明したように、「ラブホテル」というのは、世間のニーズ云々よりも、オーナー一人だけの考えで進められていた部分が非常に多かったのです。年配の方は記憶にあると思いますが、ラブホテルは、入るまでなかに何があるのかわからない、行き当たりばったりな場所で、行こうと思っても、事前に調べる手段がなかった。でもある時期、情報誌でラブホテルを取り上げた号がバカ売れしたのです。ありえないぐらいバーンと伸びて。なぜかというと、みんながラブホテルの情報に飢えていた。だけど、雑誌だと広告の関係でラブホテルはなかなか特集できない。でも、素人さんと玄人さんではなく、普通のカップルが、実は二人きりになりたくてラブホテルの情報をほしがっていたのにそれがないという状況がずっと続いていた。そんななかで一九九五年、ある全国誌が初めてラブホテルを特集した。この特集が出たときにすごく話題になって、ほかの情報誌もこれに追随しました。情報誌にラブホテルの記事が載るようになると、ラブホテル側も雑誌に載せる情報のためにいろんな設備を採用していったのです。何が付いてるとか付いてないとか、これが受けるんだとか。情報誌に載せるためにラブホテルを改革していった。特定のお客さんのウケを狙うのではなく、「ニーズとは何なのか」を、ラブホテルが一九九〇年代に入って初めて考えるようになった。それまではそんなことを考えなくても儲かった時代だったので、そういう意味ではラブホテルというのはずっと独自の文化を築き上げてきて、九〇年代に情報誌と関わることで、一般市民、つまり普通の人たちも利用するようになる流れが出てきた。すべてがそうではないとしても、そういう傾向にあります。いまでは、『ラブホな関係』（小学館）などという少女漫画もある。私はこ

1995年の雑誌記事

麻見雅『ラブホな関係』小学館、2004年

の漫画を見たときにたまげたんですが、最後のコマに「ずっとずっとラブホで二人でいようね」って（会場：爆笑）。

櫻井　その一言、いらないですよ。「二人でいよう」でいいじゃないですか。なんでその場所限定なのかな（笑い）。

金　このほかにもまだまだあるのですが、時間がなくなりましたので……ありがとうございました。

少子化対策としての恋愛？

櫻井　次のパートは、Aパートの三人とBパートの三人で、お互い話したことを踏まえてクロストークしていこうと思います。

濱野　たぶん会場のみなさんは、「何なんだろう、このセッション」という、はてなマークに包まれていると思います。でも実はこのセッションでは、ズーッと一貫した話だけをやっているんです。日本では、ここ数年「ガラパゴス化」ということが言われていますが、その話だけをしているのです。結局、日本での情報化もしくはポストモダン化以降、恋愛というものがたいへんグズグズな状

況になっていて、普通は終わっていると思われているわけですが、しかし実際は異様な進化を遂げ続けているということなんですね。婚活にせよＡＫＢにせよ――まあＡＫＢは恋愛と関係ないような気もしますが――文化としては変な進化を遂げている。ラブホテルの話はまさにそうだし、赤坂さんが『モテたい理由』でも書かれているように、女性誌ではまさにそういう異形の、変な、閉じた女性たちの欲望がグズグズと回っている。あれはオタク的なものと結局似てるんだと赤坂さんが冒頭のほうで指摘されていて、すごく面白かった。とにかくそういう変な進化を起こしていて、ＳＦＣが大好きなイノベーションなのですが、大学などでイノベーションが生まれるわけはないのです。金さんが、ちょっとした工夫がラブホテルには付け加わっているという話をしていましたが、これは非常に大事です。大学などで研究したことから面白い話が出てくるわけがない。学生も真面目だし、予算などの制約もあるという話になって、自由な発想による変な付け足しなど全く起こらない。それがいまや日本ローカルの謎の状況で、いいか悪いかは別として、女性誌やラブホテルやアイドルといった社会の「周辺領域」でこそ、異形のイノベーションがどんどん生まれて

いることが確認されたのだと思います。「だから何だっ」と言われると困るんですが。

平野　いろいろ面白い話があって、何の話をすればいいかわかりませんが、二つコメントします。まずラブホテルの話から。四日ほど前に、たまたま沼津の方に行きました。沼津の東名高速を下りたところは――金さんはよくご存じだと思うんですが――ものすごいラブホテル街で、全盛期には百軒ほどあったらしい。静岡周辺の人たちがみんな、その沼津のラブホテルに来る。それはもうほんとに、ありとあらゆる意匠を凝らしたラブホテルがあって。僕は結構びっくりしました。大通りはもちろんラブホテルだし、ちょっと入った細い道も全部ラブホテルなんですね。昔のペンションブームの頃に建ったような、ちょっとメルヘンチックな、お城をまねたホテルなどもあった。これはあとで金さんに説明してもらいたいのですが、僕、昔からいまいちピンとこなかったのは、高速の出口に、そんなふうにやたらとラブホテルがあることです。みんな高速に乗って、「よし、きょうはラブホテル行こう」というふうに行くのかなというのがなんか感覚的に不思議なのです。すごく仲がいいんだったら、たぶんそういうテンションで行くんだろうし、それでいいんだけど、仲がよくないのに、女の子が車に乗ったら、いきなり高速を飛ばしてラブホテル直行なんて、少し怖いですよね。だから沼津ですごい光景を見て、不思議だなと思っていました。いまはだいぶ数が減っているようですが、たぶんそれにもいろんな理由があると思うんです。例えば飲酒運転で罰則が厳しくなったため、車でラブホテルに行きにくくなったし、それに住環境の問題も非常に大きい。ラブホテルは、たぶんどこの地域にあるかで全く意味が違うと思うんです。単に実家に住んでる学生が仕方ないから行く場合もあるし、もうちょっと値段の高いところで、まさに楽しむために行く場合もある。いろいろ考えさせるわけです。

もう一つは、AKBの話。小説を書いていて、映画を撮ったりしてる人たちと話していると、いま、やはり読者や見る人の欲望が多様化しすぎていて、結局ヒーロー像というのがものすごく難しくなってしまっているそうです。これは近代文学が始まった時期からそうでした。そもそも、近代化して個人主義の時代になって、神話や物語のヒーローとは違う、一人一人別々の人間がいるというところから個性を表現する――それが近代文学の始まりだったからです。これは同時に読者も多様化してるということなので、多様化してる書き手と多様化してる読者がどこでマッチングするかは、ずっと一つの問題でした。どういう主人公にすると読者が感情移入するかというのが、極めて難しくなっている。結局、いま起こっていることは二つある。一つは例えば初音ミクのように、どんな欲望を秘めた人でも自由に使えるような、なかに自分で具を埋められるようなもの、もう一つは、とにかくAKBのようにたくさん数をそろえて、そのなかの誰かには興味があるといった現象です。要するに一人ずつの対象だけど自由に使えるか、それとも数を増やすか。それで、例えばホストクラブなども、AKBと同じではないが、結局たくさん人がいて、しかも誰かがナンバーワンになりたいと望むと、客は「きょうはドンペリ入れてあげるから」となって、そのおかげで売り上げで一位になっていくのがうれしいわけですよね。

濱野　補足すると、「アンサイクロペディア」というネタ系のウィキペディアでは、「AKBはキャバクラだ」と明確に定義されています。

平野　ああ、そうですか（笑い）。このあたりは恋愛の話とうまく関わっているのかどうかわかりませんが、昔はやはり社会のなか、社会のヒエラルキーのなかで、自分がどこかに位置づけられていたわけです。例えばお稽古事をして免許をもらったり、どこかの空手道場に入門してその支部長になるとか。極端に言えば、オウムなどもそうですよ、何々大臣といったヒエラルキーをつくっていた。現実の社会を生きながら、もう一方で別のヒエラルキーに所属しているというところがあったと思うんですよね。さきほどの濱野さんの話を聞いていて思ったのは、それでいうとAKBは、自分である趣味の会みたいなのに所属してヒエラルキーを昇っていくのではなく、代理でそれをやってもらう。つまりファンがCDをたくさん買って、投票によって、自分の応援しているコがヒエラルキーを昇っていくのを楽しみ、それに参加できるようなシステムになっている。それがちょっと面白いなと思いました。僕はやはり、ある意味でオーセンティックな、人間と人間が付き合うみたいなことにずっととらわれてるから、投資しても投資しても手が届かないというところはいいのですが、やはり最後はそこに不満が残るのではないのかという感じが非常に強い。べつにそのコとプライベートでデートできるわけでないし、セックスするわけでもない。アイドルはアイドルで一つの文化だと思うのですけど、そのシステムが恋愛というものと最終的にどう結び付くのかは、最後のところでもう一つ理解できないですね。

櫻井　平野さんは一度、短篇でラブホテルを舞台にした話を書かれてますよね。あの作品では、小説家と編集者がラブホテルで一夜をともにしていますが、あれはなぜ、場所がラブホテルだったのでしょうか。例えば、僕などが映像にするときは、べつにラブホテルでもいいけれど、どちらかの家でもよかったかもしれないとも思う。どうしても舞台設定的にラブホテルが必要だったのですか。

平野　あれは『高瀬川』（講談社、二〇〇三年）という小説なんです。京都の木屋町で男女が会って、ラブホテルに行く話なんですが、お互いにそこの人間ではないので、家に行ってというわけにはいかず、どこか場所が必要だったからです。べつに「初めてなのでよしがんばってセックス楽しもう」というのではなく、昔ながらの連れ込み宿の延長としてラブホテルにずるずると入っていく。それに、普通のホテルだとコンドームがないじゃないですか。

櫻井　はいはい。

平野　フロントに言えばあるのかもしれないけど、言うのも抵抗感がある。そういうことでラブホテルに入ったという設定になってるんです。長くなって申し訳ありませんがど、フランスに行ったとき、フランス人からラブホテルについてたくさん質問された。やはり珍しいのですね。実際、そのあとパリに「ラブ」という名前のラブホテルをはじめ、何軒かラブホテルができた。でもそれは極めて明るくて、一階は普通のレストランみたいになっていてランチに来た人たちなどが食事をしていますが、二階・三階はラブホテルになっている。そういうテイストは、たぶん逆にデザイナーズホテルのほうにも影響している。ルームサービスのメニューをずっと見ていくと、シャンパンや食べ物などが並び、いちばん下に「手錠」というのがあった（笑い）。僕が泊まったのはラブホテルではなく、普通

『高瀬川』（講談社文庫）、講談社、2006年

のデザイナーズホテルです。それで面白いなと思って、フランス人の友達に「手錠があったよ」と言ったら、日本のと違ってフランスの手錠は粗悪で、開かなくなっちゃうから絶対使っちゃダメだよと言われました（笑い）。鍵が開かなくなって、裸のまま鍵屋さんを呼ばなきゃいけなくなるというのです。どうでもいい話ですけど（笑い）。

木原　去年、代官山でオランダのアーティストたちが、オランダにはラブホテルがないのでラブホテルをつくるというインスタレーションをグループ展といった形でやりました。そこで、実際に泊まってもらうといったイベントがあったりしました。だから、ラブホテルはわりと憧れの対象なんですね。

櫻井　クールジャパンの一つになってきたんですね。

木原　ほんとにそうだと思う。

金　私が初めて取材を受けたのは、実はロイター通信です。日本でラブホテルを研究していると言うとキワモノ扱いされてしまうのですが、海外では日本のカルチャーとして認められている。それもどちらかというと、九〇年代以前のラブホテルのほうが日本のカルチャーと考えられているのです。オーナーが独自でやっていたときのほうがよくて、逆にいまはシティホテルとの同化が進んでいる。ラブホテルの唯一というか、いちばん大きな特徴は、人に見られないつくりというところでした。そこを工夫するので発展を遂げたところもあるんです。

もう一つ、きょうは平野さんの小説『高瀬川』の話をしようと思っていました。なぜかというと、この小説にはエアシューターが出てくるんです。このエアシューターを初めて見たとき、私はもう拝んでしまいました（笑い）。法律の関係でいまでは見ることができません。これはどういうものかというと、まずカプセルのなかにお金を入れて、ボタンを押すとバーッと空気が流れて、そこにカプセルを入れるとフロントまでエアシューターが届けてくれる。つまり、フロントの人と会わずに会計ができるシステムなのです。「エアシューター」（田村ゆかり）って曲もある（笑い）。ラブホテルの曲ではありませんが……。そういったことで、海外から評価されているのはこの時代の、オーナーが独自でやっていたときのホテルだったりするのです。ちなみに、先ほど平野さんが話をされた沼津に関してですが、『ごくらく王』（ビッグ錠）というホテル経営の漫画では、「沼津を制したものがラブホテルを制するんや」となっています（笑い）。

櫻井　ラブホテルのなかでもそういうヒエラルキーがあるんですね。沼津が頂点。

金　でも、ラブホテルと一概に言っても、人に見られないつくりをとっているホテルと、人に見られても大丈夫という、オープンフロント型にしているホテルでは客層は全く違います。

平野　「偽装ラブホテル」というのもある。つまり学校の何メートル以内には本当はラブホテルを建ててはいけないが、実はラブホテルとして営業している。そこがたぶんオープンフロントとかにしなきゃいけない、ということなのではないですか？

金　そうですね。法律関係はすごく大きい。結局、いまラブホテルと認識されているようなところは、ほとんどが旅館業法で登録しているんです。そうすると、いろんなところに建てることができるんですよ。モーテルと呼ばれるような郊外型ラブホテルが山のなかにあるのは、実際にいまの風営法のなかでラブホテルとして登録しようとすると、山のなかぐらいしか建てられる場所がなくて、結果そこに密集するわけです。また、高速道路の周辺にラブホテルが多いのは、本来のモーテルのなごりが大きい。もともとモーテルは長距離運転手の休憩場所として始まり、それをたまたまカップルが利用するようになっただけで、モーテルが意識してそれを提供してたわけではなかった。

平野　なるほど。長年の謎が解明されました。

木原　さきほどの平野さんのAKBに対するリアクションのなかで、推しメン（ファン個人が推しているメンバー）が上下するといった話がありましたが、結局、推しているほうの主体というのはある意味で、自分自身は恋愛ゲームの登場人物から降りてるわけですよね。自分は上がったり下がったりしないわけですよね？

濱野　いや、まあそこは一体なんですが、でも「一体だから何だ」という話になる。

櫻井　ハハハハ。

木原　最初の分人の話もそうだけど、推してる自分が好きという状態になるだけですよね。

濱野　そういう意味ではそうです。でも、さきほどの平野さんのコメントは非常に面白いです。僕はAKBのタレントが好きというよりも、あの現代政治に対する皮肉性や批判性が極めて面白いと思っているのです。先に「私のことは嫌いでも、AKBのことは嫌いにならないでください」という前田敦子さんのセリフを紹介しましたが、「菅直人など、なんでこんなことを言えないんだろう」と本当に思ったんですね（笑い）。泣きながら、普通に「僕のことは嫌いでも、原発止めたことは評価してくれ」と言えばいいんですよ。でもいまの日本のジャーナリズムは、本当にしょうもない人格攻撃しかしない。「橋下徹はファシストだからダメだ」とか、「野田はどじょうとか言ってるからダメ」とか、「漢字間違えてるやつがいる」とか。実際には、常にどうでもいいことで引きずり下ろしている。ここでは政治の例で言いましたが、どの領域でもそうです。文化、芸術、教育全部そうですよ。だから、要するに終わってるわけですよ。その終わってる人間関係みたいなものを一気にクリアできる何かがＡＫＢのなかに入っている。ＣＤを買って搾取されてるだけの存在でも、一応内部ではカルト的にみんな親密に結ばれてしまっているという、ちょっと異様なことが起きているなと思います。

櫻井　例えば、さきほど平野さん、濱野さんが初音ミクの話をしていましたが、初音ミクに対する思いなどのほうが、僕は形としては純粋な気がするんです。つまり、その人を好きな自分が好きというのも、初音ミクのほうが極端なかたちになる。だって初音ミクは実在していない。その実在してない存在に歌わせることを通して、作曲者は自己実現をするわけです。そして「俺の歌が上位にきた」と思っているわけでしょう、「プロデュースしている自分が」という意味では。これはアイドル論で言えば、下だか上だかわからないような立ち位置になっているんですね。ファンでもあり、プロデューサーでもありといったかたちになっている。そこで一つＡＫＢとの違いがあるとすれば、ＡＫＢの場合はお金で、初音ミクの場合は作曲や歌詞をつくるという時間的な投資だと思うんです。そこに関して、ＡＫＢオタは「お金をかけてるぞ」という思いがある。こうした経済活動に参加しているのは、時間的な投資より上にくるという感覚はあるんですかね？

濱野　そこはあまり違いはないと思います。

さきほどイノベーション云々という話をしましたが、結局、問題は、日本社会でのこの恋愛・性愛領域での謎のガラパゴス化的イノベーションというものが、どう世の中に役立つのかということだと思います。普通に一個一個だけ見たら、単に搾取されてるだけだし、単に婚活ブームに踊らされてるだけだし、単にラブホテルが異様に進化しただけといった話になってしまいますが、これをくっつけて、それこそ少子高齢化の対策ができるとか、何かそういうことがあるといいなと思うんです。婚活とかAKBとか、単体では単にカルト化してる、あるいは変に進化してるだけなのですが、それこそシュンペーターにいわせればイノベーションは多結合の話なので、違うもの同士をくっつけるとこういう可能性が出てくるといったことを、本当は考えなければいけないと思うのです。きょうこの場でその答えが出るとはまったく思っていませんが、こういう普通、絶対に大学などではまともに研究されないような領域こそ、実は多様性を生み出していて可能性があるというのが、僕の基本的に言いたいメッセージです。そんなメッセージは何も期待されてないと思うんですけど（笑い）。

木原　赤坂さんの韓流の話では、日本の社会が捨ててしまった制度みたいなものに対して、憧れとでもいえそうな気持ちが向かっている、ＡＫＢのシステムがいまあるシステムのカウンターとして新しい提案をしているとすれば、やはりこれはいままでに切ってしまったものに対する、何というか……。

赤坂　揺り戻し？

木原　揺り戻しというか、明治家父長制だかどうかはわかりませんが、そういう強力なほうに戻りたいといったことだと思うのです。去年のこのセッションで出た話題で言うと、やはり若い人ほどロマンチックラブ・イデオロギーに感化されているようで、どんどん恋愛のハードルを上げた結果、もう届かないのがわかってるので降りてしまっているといった話がありましたが、その話とも関連していているような気がするんです。いまの濱野さんの話は、そうではない「第三の道」——これはちょっと安易な表現ですが——があるのではないかという話ですよね。

赤坂　私はいま、濱野さんの話に感動したんですけれど。家父長制などに戻りたいかというと、いまある個人の楽しみといったものを享受しながら、そこには戻りたくはないんだと思う。木原さんにお答えすると、韓流ドラマに、古い日本を見、涙したのは、第一世代のファン——冬ソナファン、ヨン様ファン——だと思います。それは団塊世代くらいの女性たちでした。親の反対に泣いたりしながら、運命に引き裂かれても愛を貫こうとする主人公たちやそのプラトニックさに、自分を重ねるところもあり、涙したんだと思います。それに対して、新しいファンは若い世代で、彼女たちは、自分の愛に反対してくる親や親族なんていてほしくないし、リアルでもない。けれど、物語の構造としては、「葛藤」や「障害」があるほうが強くて、人の心もすぐ動きやすい。これが韓流人気の秘密であり、韓流ドラマが量産できる仕組みだとも思います。またこういう心の動きは「恋愛」とも似ていて、韓流ファンや、先ほどの「韓国人と恋をしたいと若い女性」などが増えているのでしょう。それが、日本の「婚活」が真っ先に捨てたファクターでもありますから。ただ、恋愛—結婚—家族の再生産という論理だけでいままでどおりの社会を維持して、いままでどおり家族の世話は家族だけでみてほしいとする努力やメディアの意図は、もう限界なのだと思います。

櫻井　一つ、全く適当に言いえば僕はスタジオジブリに一時期出向してたことがあります。『ポニョ』(『崖の上のポニョ』)のなかでは、幼稚園と養老院がセットになっていますよね。あれは、宮崎駿さんが考えるスタジオジブリの未来の像なんです。アニメーターがどんどん年をとってきたし、宮崎さんはジブリのすぐそばにある自分の会社、二馬力のすぐ隣に保育園もつくりました。宮崎さん自身が老後なのに、自分の映画をつくり続けているこの人たちを、どうにかして老後まで面倒見なくてはいけないと思ったのです。それで保育園を新しくつくったし、建物も新しくつくっている。その箱はそれこそアーキテクチャが足りていないから、つくったわけです。それと同じく、もしこれから空洞化するような学校とか、空洞化するラブホといったものが出てきたとき、どう使えるのだろうか。ラブホに子どもを入れることには若干抵抗があるかもしれない。

平野 いまは最初から少子化だから、学校をつくるときにバリアフリーにして、いつ廃校になってもそのまま老人ホームに使えるようにという小学校などいっぱいできている。そこの小学校に通っていて、七十年くらいたってその小学校が老人ホームになったときに、入ったら、隣のクラスの好きだった女の子がおばあちゃんになっていて、また出会ったか(笑い)。心がときめくのかなと思いましたね。

金 赤坂さんのお話のなかで、就活の過熱化が学生の学力を落とすという話があったと思うんですが。

赤坂 はい。

金 「○○活」と付けて企業などが提案するようになると、わかりやすい外見上のことだけになりますよね。雑誌もそうです。中身ではなく、外見を固めることだけになる。「こういうふうにしたらこうなるよ」ということばかりが言われるようになってしまう。そうなると、恋愛の相手といてもたぶんしんどいでしょう。ラブホテルにしても、オーナーが「これやったらすてきや」と思っていたときのほうが海外から注目されているんです。だから、先ほど平野さんが話されていた「その人の前にいるときの自分が好き」という恋愛は、企業などが世間のニーズを汲み取った瞬間からあまり面白くなくなっていくという傾向につながっているのかなと思います。何かがからんでくると、物事というのはそういうふうに面白くなくなっていくのかな、と。そういう人間の心の部分みたいなものを反映して、ＡＫＢはすごい作戦勝ちみたいなところがあり、「そこさえも！」ということを感じたのですが……。

赤坂　ＡＫＢにつぎ込むの、パチンコなどで勝てそうで勝てないのに依存してしまうのとちょっと似てないですか？　ギャンブルは勝てないことにアディクトするらしいですが。

濱野　いや、どうでしょうね。僕はパチンコをやらないのでわからないです。でも、負けにコミットしている感じは全くないと思いますよ。むしろＡＫＢを勝たせていくというゲームにコミットしているだけだと思う。もともとＡＫＢの話をしても、恋愛という全体のテーマにつながらないので難しいなと思っていました。でも何かないですかね。それこそＡＫＢ的なものとラブホテル的なもの、婚活的なもの、女性誌的なものがくっつくことによって、若者たちがますます恋愛し、少子化、高齢化が避けられていくといった社会の仕組み。

櫻井　［ＡＫＢの］大島優子のあのセリフに関してはどうなんですか？　「私と赤ちゃんつくらない？」みたいな。

濱野　あれはあれでたいへん笑ったというか、まあ素晴らしいなと思った。
櫻井　あれは少子化対策にはならない？
濱野　ならないですね（笑い）。むしろ少子化を推進してるだけです。あんなことやっているから、草食男子といわれたり、「ＡＫＢヲタ、キモ」といわれたりする。かたや女性は韓流男子に惚れていくという、疎外だけが起きてしまっている。「何とか、そうではない方向でこれらのイノベーションを使えないものかな」と、つくづく考えています。それは、きょうここで聞いている、会場の若い方たちが考えてくれればいいのかなとも思う。勝手に「パス！」みたいな感じですけど。
木原　時間がなくなりました。最後まとめようかと思いましたが、いまのでまとまったようです。会場のＳＦＣの学生のみなさんへ「課題を出したぜ、こんなふうなのがほしいぜ」まで提示して、「あとはがんばれ」というメッセージを出せたと思います。このあと、どう回収するかはまた作戦を考えます。〔会場に〕伝わったよね？　学生の人たち。「大学からのイノベーションはないよ」と濱野さんに言われたので、たぶん局地戦を戦っていくしかないと思いますし、どうやっていくのかは、それぞれの立場でがんばってほしいです。何か、前向きにつないでいって、新しいところに向けていくことができるのではないかと私たちは思っています。私たちもそれぞれの立場で取り組んでいきます。これは恋愛というテーマだけでなく、複線的にできると思うんです。
それでは時間ですのでこのへんで締めたいと思います。どうもありがとうございました。

第2部
恋愛を考える

〝足跡〟過多時代の恋愛構造

木村亜希

二〇一一年九月、アンドロイドのアプリ「カレログ」が話題になった。「カレログ」は、恋人のスマートフォンにダウンロードしておくと、GPSによる位置情報、電池残量、ダウンロードしたほかのアプリ一覧などがリアルタイムで監視できるというツールである。バッテリー残量までわかるのは秀逸で、どこにいたか監視されないようスマホの電源を落としていたとしても、「何時から何時は電源を切っていた」ことが知られてしまうので、かえってやましいことがあるように見える。初期の「プラチナ会員」は通話履歴も確認することができた。

個人情報保護の観点や、ストーカー行為に使用される可能性があるツールなのではないかということで問題視され、現在は端末所有者の同意をとってからインストールするように「表記されている」。

多くの人の表向きの反応としては、「カレログを仕込むような嫉妬深い彼女（彼氏）とは付き合えないわー」という否定的なものが多かったが、少し前ならば映画に出てくる腕利きのハッカーが仕込むような技術が普通にアプリとして売られていて、その気になれば「ポチッとな」で購入できる世の中になっていることは、好むと好まざるとにかかわらず、一消費者としても覚えておかなければならないだろう。

「デジタルストーク」の簡易化

「カレログ」を使わなくても、相手がツイッターなどでデジタルな「足跡」を残している場合、その人の行動を追いかけるのは容易である。

SNSの多くには、最終ログイン日や現在オンラインであることを伝える機能がついているし、いまどこにいるか（自発的に）友人に知らせることができるアプリもいろいろある。

ストーカーという言葉が一般にも知られ、使われるようになったのは一九九〇年代後半だ（『ストーカー 逃げきれぬ愛』〔日本テレビ〕や『ストーカー・誘う女』〔TBS〕が放映されたのはいずれも一九九七年）。しかし、当時限りなく犯罪に近いもの、「キモい」ものとしてとらえられていたストーカー（的なる）行為は（「キモい」という言葉も当時は存在しないのだが）、パソコン、ケータイ、GPS、SNSといったさまざまなツールの普及によって、徐々に「ふつうの人」にも身近なものとなった。

実際に尾行や待ち伏せをしてしまうのはいまでも「アウト」だろうが、「グーグルストリートビューで好きな人の住所を表示してみる」「好きな人のつぶやきを毎日チェック」「SNSで好きな人が誰と「お友達」なのか調べる」などの行為は、〝誰しも〟と言ったら語弊があるかもしれないが、多くの人がやったことがあるだろうし、もちろん犯罪ではない。

客観的にみると、その心象風景はストーキングと近いところもあるのだが、たいへん容易にできてしまうので、「ちょっと出来心で」という言い訳が（相手には見つかっていないという前提なので、主に自分に対して）しやすい。

「覗き見をしたい」という心理は、犯罪性をもつ「特別な人（や状況）」にだけあるのではない。そして技術的に誰にでも「覗き見」が可能になったため、心理的なハードルも下がっているように思われる。

大ヒットしたマンガ、羽海野チカの『ハチミツとクローバー』（集英社、二〇〇〇―〇六年）に出てくる真山クンは、片想いをしている理花さんを「プチ・ストーキング」していて、そのことをたびたび周囲にもひやかされている。「知人に対してだから」「真山がオトコマエだから」「そこは漫画だから」ということで、彼の行為は「笑い」の範疇に吸収されるわけだが、そこには一九九〇年代後半にはなかった「アリ」なストーカー像が生まれていて、読者も「異常すぎる」と思うことなくその設定を受け入れるようになっている。

嫉妬と「履歴」

先日、加入電話の領収書を「仕分け」していたところ、NTTの「ナンバー・ディスプレイ」サービスに月額四百二十円（税込）も取られていることに気づいて驚いた（※料金は回線の種類や用途によって異なります）。表示部が付いている電話機を買ったら自動的に表示されるものかと思っていたのだが、実はオプションサービスだったのだ。

一方、私たちにとっていまや固定電話よりも身近な存在となったケータイでは、「かけた番号」や「かかってきた番号」が表示されるのはオプションではなく基本機能である。不在着信の表示機能は、つねに傍らにあるケータイよりも、設置場所にいなければ出ることができない固定電話にこそ必要だろう。つまり、必要性と機能が逆になっているのだ。

「かけて、話す」という機能だけでいえば、ケータイは「ディスプレイ部がついてない子機」のような機械でも「携帯電話」たりえたはずだが、そうはならなかった。このことは、ケータイの機能が私たちの行動や感情にもたらしているものの大きさを考える際に非常に興味深い。

「ねぇ、昨日の夜、誰と電話してたの？」

かつての（トレンディ）ドラマに存在したようなシーンだ。恋愛のツールとして固定電話しかなかった頃、恋人が深夜に別の誰かと電話していたかどうかは、自分が電話したときに「話し中」だった、という場合にしかわからなかったのである。

またわかるといっても「恋人である自分以外と、こんな時間に通話するなんておかしい！」という自己中な思い込みがあるからこそ可能な勘ぐりであって、「着信履歴にほかの女（男）の名前が！」という「証拠」に比べれば具体性に乏しい。

メールはさらに厄介だ。着信・発信履歴であれば内容までは詳らかにはならないが、メールの場合は文面が残ってしまう。

おじいちゃん、おばあちゃんが若かった頃は、

「お前、俺のケータイ見たやろ」

「…ああ、見たわよ。見て何が悪いのよ！」

というケンカなんてなかった。

「彼女の実家にかけたらお父さんが出て、電話を代わってもらうのに一苦労」とか、「いったいいつの時代のお話ですか？」という感があるだろう。いまの状態に慣れてしまった以上、「ケータイ」がない状態で若者が恋愛を発展させるのは相当しんどいだろうと思うのだが、その一方でケータイがなかったら発生しなかったもめごとの件数も測り知れないのだ。

恋人が疑わしい態度をしているから、「着信履歴」を見てしまうのではない。「そこに着信（発信）履歴があったから」見たい。胸がザワザワする。

ケータイのメールや着歴、カレログのような本格的な履歴にいたるまで、「履歴が残る」というシステムがあなたやあなたの恋人を誘惑し、「恋人が誰と通話していたのか知りたい」という欲望

を製造して、「信じる力」をそいでいる。

SNSの功罪

ツイッターやフェイスブックは、自発的に自分の「履歴」をさらすツールである。私は個人ブログも開設しているが、グリー、ミクシィ、フェイスブックと三つのSNSの使用経験があり、ツイッターのアカウントももっている。

SNSは必要であれば知人と連絡がとれるという意味で大変重宝だが、こと「恋愛」に関しては、恋人（候補）の情報を過多なまでに流してくるツールになることもある。

まず、「プロフィール」。好きなアーティスト、好きな映画、愛読書……。びっしり書き込まれていると、ちょっと「どうしようかな」とひるむ。

「そんなん、ぜんぶチェックしてる暇ないわ」と思うが、いや、やっぱりものすごく「恋」したらチェックしてしまうのだろうか（十代だったらやってたかもしれないけど）。

趣味や考え方などいろいろな情報を調べて、自分と一致するか、一致しないまでも理解できるかどうか……、一つ一つ吟味していくと、だんだんわからなくなっていく。「共通点が多い」ことはうれしいことかもしれないが、それを恋する理由にしてしまうと、一致しない点が出てくるたびにがっかりするという、おかしなことになっていく。

『マイ・フェア・レディ』（原作バーナード・ショー）ではないが、双方が属してきたコミュニティがあまりに違っている場合、そこに飛び込むことに躊躇することもあるだろう。

恋とは、「落ちる」ものである。

そしてそのきっかけは、「不良が子猫をかわいがっている瞬間」だったり、「図書館で同じ本を手に取ろうとした瞬間」だったり、「好きな天気が自分と同じ「曇り！」だった瞬間」だったりする。当人が「これだ」と思い込めるのであれば何でもいい、まぁ「何ちゃない」ことなんである。恋というのはそのたった一つの「ビンゴ！」で始まり、運が良ければ百年一緒にいられたりする。SNSがもたらす詳細な情報は、逆に恋という「おおいなる勘違い」ができるきっかけを、奪ってしまうかもしれないのだ。恋に与件は要らない。

だいいち「プロフィール」は、一覧で知るよりも、知り合ってからゆっくり知っていくほうが楽しい。情報がたくさんあるからといって、好きになれるとはかぎらないのである。「落としたい」ターゲットがいて、その人好みの自分に付け焼き刃でいいからなりたいという場合には、「便利なリストが転がっている」ということになるのかもしれないが……。

分身の精度

さらには、その情報の精度が確かでない場合もある。

趣味やコミュニティは登録した時点のものであり、いまそれにハマっているかというと、そうでもない（しかしあえて消すほどでもない）場合がたくさんある。

先輩のSさんが、「好きなミュージシャンの欄に「スーザン・ボイル」と自分で書いていたが、当時ノリで書いたのか、もはや覚えていない」といったことを「つぶやいて」（ぼやいて？）いたことがある。

友人が紹介してくれた面白動画も、自分が長年応援しているプロジェクトも、「いいね！」ボタンを押したという行為としてはフラットに表示されるため、その「深度」は測りにくい。「あの頃このドラマを好きで見ていた」という過去が、いまの私に何パーセント影響しているか、自分だって責任はもてない。後の世に「私の研究者」があらわれて、いかに私のひととなりが形成されたのか研究してくれるわけでもないのに、いまの私をそこから短絡的に「こういう人なのか」と思われるとすれば「ちょっと待ってくれ」と思う。

SNSの使い方やポリシーは人それぞれだろう。また、フォローしている人や「友達」をグループ分けすることで、違う温度で接している集団を分けるなど、自分が閲覧する情報についてはいろいろ快適に使える工夫もある。だが一方で、「見られる」側の自分のアカウントについては、ビジネスモードの自分もプライベートモードの自分も、「友達」がその気にさえなればまるっと閲覧されてしまう。「深度」についての弁明は付加できぬまま、自分のプロフィールや活動、人間関係が他人の目にさらされるのである。

二〇〇九年に、バーガーキングはワッパー・サクリファイスというキャンペーンを実施した（カンヌ国際広告祭でチタニウムライオンを獲っている)。フェイスブックの「友達」を十人削除すると、バーガーキングの商品であるワッパーが一個もらえるというもので、当時は、「アメリカだからこんなことが許されたのでは?」と思ったが、遅れてフェイスブックがはやっていくうちに、「そのくらいは「整理」したほうがいい人がいる」といったノリが「わかる」ようになってきた(「友人の友人」だったり、いちど会って名刺交換したが結局二度と会うことがなかった人など、「誰だっけ?」というアカウントが結構あるのだ)。

SNS上のアカウントはある程度マメに整理していないと、「分身」の精度が下がってしまうのである。それは「私ではありません」!

身軽ではない分身

フェイスブックは(原則として)実名登録になっている点が特徴であり、そこに至るまでのチャットルームや掲示板に代表されるような、日本で「ネット的」だと思われていたシステムとは大きく異なる。

フェイスブックはリア充な人が、より充実するツールである。

そもそもフェイスブックは開発段階からビジネスツールとしての性格が濃く、リアルワールドの人間関係で成功している者がさらにきらびやかに人脈を移築し、誇示する場になっている。いじめられっ子がネットのコミュニティでは一目置かれていたり、ネトゲの世界ではヒーローだったり……といった自由度は、そこにはない。

SNSでつながってしまえば（もしくは、もともとつながっていた人と付き合いだしたのであればなおさら）、かつては「結婚」でもして双方のコミュニティに紹介されないかぎり交わることがなかったお互いの知人までも、「友達の友達」として知ることになる可能性が高くなる。

仮に、別れた恋人を「友達」から外したとしても、「恋人」を介しての知り合いだった周辺の人たちはそのまま残ってしまう。「恋人の友達」が「恋人」のコメントを引用すれば、いまは見たくもない元彼（元カノ）の情報も、自分が見ている画面に上がってくる（表示しない設定にすることはできるが）。

「もう顔も見たくない」場合も、「まだ未練が残っている」場合も、どちらにしてもつらいことである。かつてのように、「別れてしまえばもう他人」というわけにはいかない。「あいつの歯ブラシ捨てれば明日から新しいワタシ」ということにはならないのである。自分自身がネットのコミュニティから消えないかぎりは。

過去への嫉妬

SNSが生まれた時点でいいトシになっていたわれわれと違い、登録可能な年齢からSNSがある世代が（SNSを使い続けていたとして）大人になったときには、当時の友達、当時の恋人、当時関わった活動……などなどの地層がずるずるとストックされていることになる。

槇原敬之の歌に、「子どもの頃の写真をきみに見せたとき　あたりまえだけど　自分がいないから　くやしいと言ったね」（槇原敬之「No.1」）という歌詞があるが、SNSでは「自分がいない」「あとから入っていきにくい」人間関係の網が可視化されている。「この人とはどういう関係なんだろう」という、SNSがなければ味わわずにすんだ嫉妬が、そこには常に生まれる。

最近、「フェイスブック離婚」という言葉が英米で注目されていると報道されたことを覚えている方も多いだろう。この言葉が示すように、人生の途中で出会った人の、「自分がいない」時代の人間関係の網が、これからは切れないということなのだ。

「なう」の切り売り

ツイートのお尻に、「なう」と付ける人もそろそろ絶滅してしまったようだが。

ツイッターやフェイスブックの書き込みは、基本的に「なう」なものである。誰かが「どこそこのラーメンを食べた」「きょうはどこそこに来ている」といった情報は、特にオチや感動する結末があるわけではなく、正直「いま！」という付加価値がなければ、情報（ネタ）としての意義をもたない。

旅先で絵葉書を出したくなるのは、かつては家族や恋人にだった。しかしいまは、技術の進歩で不特定多数に自分がそこに来ていることを伝えられる。

せっかくネタがあるのだからとつい「投稿」してしまうわけだが、冷静に考えると、営業活動の一環として日常の一部を公開している芸能人でもないのに、「なぜプライベートを（通信費まで使って）アップしているのか？」という疑問もわいてくる。

恋人がスマートフォンをもっていることや、旅先にもケータイの電波がきていることによって、新婚旅行先でも恋人の集中力を独占できない危険性が生まれてしまっている。具体的な「浮気相手」がいるわけではなくてもである！

「いつも仕事で忙しいっていうくせに、私と会う暇はなくてもフェイスブックにコメントくれた人とやりとりする時間はあるってワケ？」という嫉妬も生まれてくる。

ツイッターは「「いま」何してる？」と聞いてくる。かつての個人ブログは、趣味の世界など「べつにいまじゃなくてもいい趣味や研究」を少しずつ発表していくような使われ方が多かったが、SNSの日記には「いま」の情報であることをより強く求める性格がある。

SNSは、マーケティングのために発明されたわけではないが、運営にコストがかかる以上、最終的には「マーケティングに役立つ」ツールである側面が大きいからだ。

ライフログが（違法でない状態で）落っこちている場合、コマーシャリズムはそこを利用し、サービスや広告を提供していく（「おすすめ」をマッチングさせるエンジンの性能が悪い場合は、いりもしない情報を提示され、鼻白んでしまうのだが……）。

マーケティングが興味があるのは、みなさんの「いま」であり、十年前の思い出ではない。正確に言えば十年前のデータも有益なはずで、今後は「いま」の蓄積もマーケティングに利用できるようになると思われる（SNSをうまく使っている企業の場合、その効果は近いうちに現れてくるだろう）、現時点では解析にかかるコストが見合わない。

広告の仕事をしていると、「この十年CMをしていないのに、大昔のキャッチフレーズを多くの人が覚えていて印象がいい」企業や商品にたまに出くわす（だからこそ、「宣伝部」は偉いのであり、尊敬されるべきなのだ！）。

しかし、十年前に投下した宣伝費が今年「効いた」ことを評価するシステムはない。すぐに結果を求める経済状況が、ブランドづくりと販売促進をゴッチャにしてしまっているのが現状で、デジタルの海を飛び交うたくさんの人の「いま」に乗せて、さまざまな広告活動がなされている。

私たちはSNSなどの「ツール」の機能や性格によって、自分たちの（恋愛も含めた）欲望やコミュニケーションが影響を受けていることを、ときどき思い返してみなくてはならない。「なんでメールくれないの？」という不満も、「いつでもメールできるツール」があるから生まれた不満である。

着信履歴は感情を創出する装置だと前述したが、例えばミクシィの「足跡」機能は強力な感情創出機能だった。

「「足跡」があるのに、ワタシの日記にコメントをしてくれない人は「マイミク」から外します！」と怒って宣言した人がいた（という話を聞いた）が、SNS上のマナーが人それぞれであることを考慮したとしても、これはもはやシステムが生んだビョーキだったのだと思う。「足跡」機能を嫌う人も多かったせいか、途中で「「足跡」を消す」機能がついた。だがそれによって「この人は足跡を消さなかった」（気づいてほしいのね？）といったメッセージを読み取られることもある……という状況になり、ついに二〇一一年六月で「足跡」機能そのものの提供が終了した。

終了にあたっては惜しむ声も多かったが、二〇一二年三月現在、その機能は復活していない（いまとなっては懐かしいような気もするが）。「「足跡」が多いとうれしい」「少ないとさみしい」という感情は、システムがなければ発生しえないものだった。

同じように、「いま」を、ここにいない誰かと「共有したい」という欲望もまた、環境やシステムによって「つくられた」ものである。

どこで何をしているか簡単に知らせることができ、それを見た知人が「@」や「イイネ！」で反応してくれる。SNSは私たちにとって抗いがたい魅力をもつ玩具だが、「リアルな恋愛」に割くべき（時間や労力の）リソースが奪われていることも忘れてはならない。

「知ることができない」自由

好きな作者の本は、（なかなか難しいが）すべて読破したいと思う。しかし最近は「好きな作者」

がツイッターのアカウントをもっていたりする。確かにそのつぶやきも「面白い」のだが、こちらは「次回作を楽しみに待つ」ことがしたいのであり、その作家の日常まで知りたいわけではない。ならば、読まなきゃいいようなものなのだが、作者が「リリース」している文章にはすべて触れたいと「ファン」は思ってしまい、しかもそれは時間的に厳しいので「ストレスだ」と感じてしまうことがある。

一般人がユーストリームで、イベントの模様を中継するケースも多くなった。ハードディスクの容量もギガからテラになり、ハードが扱える情報量が飛躍的に増えたため、二十四時間三百六十五日、誰かの人生を中継することも技術的には問題なくできる。つまり、リアル「トゥルーマン・ショー」だって可能なわけである（見てくれる人がいるかどうかは別の問題だが）。『進め！電波少年』の諸企画も密着中継型だったが、あれは演出と編集あってのものであり、無編集の自分の日常を垂れ流す「ダダ漏れ」中継がそう面白いものであるはずはない。

一日のリソースが二十四時間しかないという現実は、どんな暇人にも金持ちにも平等である。保育や介護、あるいは探偵や興信所の人といった「仕事でやっている」場合を除けば、人は自分以外の他人を二十四時間追っかけているわけにはいかない（はずだ）。

それなのに、相手のライフログがただ漏れている（その気になれば見られる）という状況は、たとえるならば人の心が読めるエスパーが「見てしまわないように苦労する」ような感じで、かえって苦痛なのではないだろうか。

「四六時中、きみを想っている」と言っている彼の一日を追いかけてみたら、あたりまえだが食事もすればトイレにも行き、電車のなかではゲームをして、本屋では「ジャンプ」も立ち読みし……。浮気もしていないかわりに、「四六時中きみを想っている」わけではない姿を見て、がっかりするのが関の山なのだ。

未来の自分への言い訳——おわりに

さまざまな「足跡」は、未来の自分にも閲覧される。

冒頭で「カレログ」の話題を出したが、自分の行動履歴が残るようなデジタルサービスをいくつか駆使すれば、「記録する」労力なしで詳細な「ライフログ」がとれる。電子マネー決済をするシーンが今後増えれば、家計簿がわりにもなる。万歩計や目覚まし機能のついたアプリで健康管理をしてもいい。

やりようによってはライフログを残していることさえ意識せずに、その気になれば「去年の十二月十日の昼はどこにいて、何食べたっけ?」という情報を取り出すことができるようになるわけである。

しかしその結果、「失恋したあの頃は、彼のことでアタマがいっぱいだった」と述懐する「あの頃」のアタシが何をしていたのか見てみれば、「あら結構ちゃんと仕事してるじゃない」ということになったりする。デジタルに記録されるライフログには、「トイレで「大」をしているときさえもあなたのことを想っていたのに〜！」という主観はかけあわされていない。

脳内だけは（いまのところ）他者からの干渉に自由であることと、そして同時に自分が「自分」だと思っているものも日々の記憶をつねに脳内編集した結果であって、「恋愛」もまた主観でつくられているということを思い知るのである。

日本国内でフェイスブックのアカウントをもっている人は五百万人を突破した。はやりだからとりあえずアカウントをもっているだけの人も多いだろうし、今後はどうなっていくかわからないが、さまざまなアプリをはじめ、アカウントをもっていたほうがトクするサービスが増加するだろうし、「わざわざPCでSNSをやらない人たち」が、スマホの普及で流入してくる可能性を考えると、わりと「残る」のではないだろうか（予想が外れたらごめんなさいですが）。

今後も新しいサービスを使う際は、それがもたらす「欲望」の変化を自覚しながら、自分の感情を観察していきたい。

恋愛の場所

金益見

〝恋愛〟というのは面白い言葉だ。

サザンオールスターズの「SEA SIDE WOMAN BLUES」という曲に「愛という字は真心で、恋という字にゃ下心」という歌詞が出てくる。心という文字が、愛は真んなかにあり（真心）、恋は下にある（下心）ということである。

そんな真心と下心は、〝愛恋〟とは表現されない。〝恋愛〟は恋が先で愛があとにくる。サザンの歌詞を拝借して考えると、恋愛は下心から始まって、そこに真心がプラスされていくものなのかもしれない。

「恋愛する」ということは、「恋すること」でも「愛すること」でもない。〝恋愛〟はカップルが、下から真んなかに向かって心を動かす行為なのだ（たぶん）。

きっかけは恋（下心）であっても目標は愛（真心）であり、カップルは互いに時間を重ねて心を動かしていく。見たり、話したり、電気を消したり、触ったり、試したり、考えたり、疑ったり、受け入れたり、また触ったり、泣いたり、笑ったり、頭を撫でたりしながら、「この人しかいない！」を繰り返し、心はどんどん下から上に上がっていく。

真心は一見相手への思いやりのように見えて、「自分にとってかけがえのないものを大切にしようと思うとき」に生まれてくるものなのだ（たぶん）。

今回のテーマはそんな〝恋愛〟に〝アーキテクチャ〟がくっついている。

最初「アーキテクチャとしての恋愛」というテーマで鼎談依頼を受けたとき、正直意味がわからなかった。「あーきてくちゃって何だ？」状態である（みなさん、すみません）。

ここでいうアーキテクチャとは「人に作用を及ぼす仕掛け、仕組み」のことだという。つまり、「恋愛×人にはたらきかけて人を動かす仕掛けや仕組みについて話してください」ということだ。

私の研究テーマは〝ラブホテル〟である。はたしてラブホテルは、その仕掛けや仕組みで恋愛中の人々を動かしているのだろうか。

答えはイエス。確かに、ラブホテルにはラブホテルだけの仕掛けや仕組みがある。例えば、平野敬一郎氏の『高瀬川』に、ヒロインが主人公をラブホテルに誘った理由が出てくる。

「わたしね、……本当は大野君が、わたしの泊まってるホテルに行こうとしてたの、知ってたの。」

「……うん。……」

「でも、こうなることが分かってたから、……ほら、コンドームがないでしょう？　泊まってるホテルだと。」

ヒロインは二人きりになるための場所にラブホテルを選んだ。理由はコンドームがあるからで、ラブホテルのもつ特徴がカップルをそこに向かわせた。ラブホテルにはセックスのための道具（コンドームやアダルトグッズなど）があり、休憩という時間設定があるし、誰にも見られずに部屋に入れるシステムもある。

これらの特徴は仕掛けられたものであり、また仕組まれたものである。では、それらはなぜ生まれたのだろうか。

見たり、話したり、電気を消したり、触ったり、試したり、考えたり、疑ったり、受け入れたり、また触ったり、泣いたり、笑ったり、頭を撫でたりするのは、どこでもできることではない。二人が相手のいろいろに集中できる場所が必要だ。

ラブホテルは恋愛中の二人が二人のことに集中するのに最適な場所として、現在存在している。しかし、ラブホテルは最初からラブホテルだったわけではない。

本稿では、「恋愛の場所」がどうやって確立されたのか、その変遷とそこに大きく加わっているカップルの力に注目したい。

モーテルの登場

恋愛中のカップルは、心を動かすために場所をつくりかえてしまう力がある。郊外型ラブホテルの原型であるモーテルは、カップルの「二人きりの空間であれこれしたい」という強い気持ちが本来のモーテルの意味を変えてしまったという、独特の変遷をもつ。

モーテルとは、moter と hotel を合わせた合成語（= motel）である。自動車旅行者や長距離運転のドライバーなどが休憩または宿泊する施設としてアメリカで誕生した。フォーマルな服装をせず、各種のチップも払わず、安価で泊まれるという宿泊形態のモーテルは、一九五〇年代から六〇年代にかけて定着し、現在も多くの旅行者やビジネス客が利用している。

アメリカのあとを追うようにモータリゼーションを発達させた戦後の日本にも、それに伴ってモーテルが建ち始めた。

日本でのモーテルの元祖には諸説がある。一九五七年に熱海にモーター・ホテルが開店したという説から、同じ時期に名古屋にカーホテルというものが存在していたという説、さらに警察白書では、「一九五九年十月に神奈川県箱根町に店開きしたのが最初である」と記されていて、箱根の国道沿いに建てられたものが第一号という説もある。

このモーテル第一号とされるモーテル・箱根は、定期便トラックの運転手が仮眠をとれる昼夜食堂だった。食堂脇の座敷にコタツが置かれていて、食事をした人は無料で休憩できた。そのうち、そこが風呂付きになって五十円程度の休憩料をとるようになり、別棟に宿泊部屋がつくられるという形で変化していった。

このモーテル・箱根を見て、「本当のモーテルをつくりたい」とモーテル経営に乗り出した人物がいた。後に日本のモーテル王と呼ばれるようになる中嶋孝司氏である。そして、中嶋氏の目指した「本当のモーテル」が、思わぬ展開を見せることになる。

写真1　いまは亡き中嶋氏の蠟人形とのツーショット
(生前に自分の蠟人形をつくってしまうようなユニークな人だった)

本当のモーテルとは…

小さな頃から機械いじりが好きだった中嶋氏は航空士官学校に入学し、操縦士ではなく、整備士を目指す。ところが、間もなく敗戦になり、整備士の夢は途絶えた。

その後、中嶋氏は親類の勧めで数学

の教師になり加賀市の中学に勤めた。しかし、教師という職業が性に合わず、三年で退職。趣味の機械いじりで覚えたラジオの組み立て・修理のアルバイトで資金を貯め、周りの反対を押し切って地元でキャバレー経営に着手する。

ジャズやダンスが好きだった中嶋氏にとって、キャバレーの経営は性に合っていた。中嶋氏はキャバレーの照明や音楽にメカニックなアイデアをどんどん取り入れ、店は大繁盛する。経営が安定していくと趣味の機械いじりは車に移り、中嶋氏は中古車を乗り回し日本中をドライブして回った。そうしてドライブしているときに、目にしたのがモーテル・箱根である。

箱根をドライブしているとき、ふとみた三角チョーチンとモテルのカンバン。モテルとはそんなものではないのだという怒りと、これからは車の時代、道路はハイウェーになる。とすれば、ドライバーが休息する場所、レストハウスが必要だ。さらにホテルというように、連想はつぎつぎに発展し、モテルにいきついた。

これは、雑誌「随筆サンケイ」(一九六八年七月号、産業経済新聞社)の〝私の履歴書〟というコーナーに中嶋氏が寄稿した文章である。中嶋氏はこれからの車社会に向けて、モーテルの必要性を次のように続ける。

車に家族をのせてレジャーに行く。遊んで帰途につく。ドライバーは疲れている。ハイウェーは早いし一本道だ。この道をまっすぐ走れば、わが家はもうじきだと考える。安心する。そこに疲労感がぐっと加わる。ハンドルをにぎる手がゆるみ、目が細くなり、注意力がさんまんになる。そして、事故。

私がほんとうの意味のモテル建設を思いついたのは、たんなるもうけ主義からではない。こうした事故を少しでもなくすために、ドライバーがモテルで休息し、すっきりした頭で安全運転をしてもらいたい。そう考えるからなのである。

そんな高い志を掲げ、中嶋氏は一九六三年に加賀市内国道八号線沿いにモテル北陸をオープンさせた。それは、モーテル・箱根のような駐車場付き旅館といったものではなく、一部屋に一つの駐車場が付いている、日本初のワンルーム・ワンガレージ式のモーテルだった。

モテル北陸

このとき、周囲に何もない山のなかに全長六十メートルもの宿泊施設を建てるというので、周りから笑い者にされた、と中嶋氏はさまざまなメディアで語っている。

当時の「モテルご案内　楽しい北陸の旅」というモテル北陸のパンフレットには、「室料（二時間昼夜問わず）お一人様駐車料とも三百五十円から・お二人様五百円から。ご宿泊の場合は倍額です」と書かれ、ドライバー一人でも休息できる料金体系になっていた。また、シングルルームだけでなく、家族旅行用には二段ベッド、多人数のファミリーやグループが泊まれる六人部屋、ベビーベッドなども用意された。

しかし、中嶋氏の期待とは大きく外れる形でモテル北陸は大成功する。

写真２　モテル北陸

写真３　モテル京浜

日本式モーテルの誕生

モテル北陸は車が列をなすほど繁盛したが、休息をとるドライブ旅行者の利用はほとんどなく、客層の大半を男女のカップルがしめていた。

モテル北陸は、ドライバーの休憩施設という本来の目的からは大きく逸脱した形で、利用客から支持を得たのだ。

モーテルには現在のラブホテルにつながる大きな特徴があった。カップルが車から降りて誰にも見られずに部屋に入れるワンルーム・ワンガレージという構造である。そこに目をつけた中嶋氏は一九六八年、ノンフェイスシステム（客室と事務所をコンピューター対応にして、利用客と従業員がまったく顔を合わせないシステム）を徹底追求した、本格的なカップル専用のモーテル、モテル京浜を横浜郊外にオープンさせる。

モテル京浜

モテル京浜は、“INTER NATIONAL HOTEL”と看板に明記されたモテル北陸とは違って、「やすみ基本一時間二千八百円」ということがいちばん大きくアピールされた。入り口にはすだれがかかり、現在のラブホテルの原形となっていることが外観から読み取れる。

アメリカ式モーテルから日本独特のモーテル式ラブホテルへと変化したモテル京浜は、モテル北陸を上回る大盛況となった。多いときには一日六回転から八回転したというから驚きだ。

以前、雑誌の企画でテリー伊藤さんと対談したとき、テリーさんは、モテル京浜を「当時の若者のあこがれの場所」と語ってくれた。毎日すごい行列ができている〝話題のデートスポット〟だったという。

誰にも見られず部屋に入れる構造（ワンルーム・ワンガレージ式）のモーテルは、その機密性と、休憩という時間設定が絶好の条件となり、二人きりの空間を求めていたカップルのニーズにはまった。それに中嶋氏が精いっぱい応えたことによって確立されたのである。

そうして、本来は長距離ドライバーのための休憩場所だったはずのモーテルは、カップルのための「恋愛の場所」になった。

その後、カップル専用のモーテルが次々とつくられ、インターチェンジ周辺に日本式モーテルが林立した。こうして日本でのモーテルは、郊外型ラブホテルの地位を確立したのである。

連れ込み旅館の経緯

モーテルがはやっていた頃、都心では連れ込み旅館と呼ばれていた旅館が改装され、ビル型のホテルにかわっていった。都心にあった旅館のいくつかも、モーテルと同じような経緯で「連れ込み専用旅館」に変化した。

当時、東京・鶯谷で母親が小旅館をやっていたという関係者に話を聞いた。

うちは昔でいえば旅籠のような、旅行客を泊めるんじゃなくて仕事で移動するひとたちを泊めるという商売でした。そんなに大きくなかったから温泉旅館とかそういう規模ではやっていけなかったので小旅館としてやってました。いまのビジネスホテルの規模の小さい形ですね。

最初は普通の旅館だったみたいです。連れ込み旅館との区別はそんなにはっきりしてなくて境目だったみたいですね。食事はいらなくて、二時間くらいで帰っていくようなお客さんが多くなってきたので、だんだん食事出すのは大変だし、切り替えていこうかなという感じで変わっていったんじゃないかな。

最初は料理も出す「普通の旅館」として営業していた旅館に、カップル客ばかりが訪れる。カップル客は食事もとらずに短時間で帰っていくので、旅館側からすると仕事が楽で儲かる。そうして繁華街裏や人目を避ける場所にあった旅館が、次々と連れ込み客を対象にした「連れ込み専用旅館」に営業形態を変化させたということである。

こうしてみると、「恋愛の場所」は最初から用意されていたものではなく、もともとあったものが、カップルのニーズによって変化していったことがわかる。

モーテル（のちに郊外型ラブホテル）や連れ込み旅館（のちに都市型ラブホテル）は、圧倒的なニーズとそれに応える経営者の柔らかい発想が合致したときに急増した。

では現在はどうだろうか。「恋愛の場所」がすでにある現在、カップルが心を動かすために、場所をつくりかえてしまう力はなくなってしまったのだろうか。

いいや、現在もその力は健在である。

ラブホテルの新しい利用法

私がラブホテルを研究したいと思ったのは、近年のラブホテルの多様性に驚いたからだった。

それまでは「ラブホテルはセックスをする場所」だと思っていた。そのうえ、売春、殺人など犯罪につながるような悪いイメージもあった。

そんな私が、通学途中の中吊り広告で情報誌の「ラブホ特集」を目にして、度胆を抜かれたのが（その後十年続いた研究の）始まりだった。

「なぜこんなに明るく堂々と?!」

当時は、いまほど盛んにラブホテル特集など組まれていなかった時代である。私は、「バレンタイン？　ラブホ特集」といった、もともとのイメージとはかけ離れたコピーに心底びっくりして、すぐに大学の友人に尋ねた。

「「カンイチ」（「KANSAI1週間」の略）でラブホテル特集やってるん見た?」

するると友人はサラッと答えたのだ。

「そりゃそうやろ。私もたまに行くもん。朝から」

友人は彼氏と朝からラブホテルに行くという。私は、またまた心底驚いた。

「友人カップルは朝からずっと……?!」

そんな私の驚きを読み取った彼女は、またもサラッとこう言った。

「朝からラブホに行ったからって、エッチばっかりしてるわけちゃうで。ラブホ行ってもエッチせえへんときもあるし」

私は友人の答えに衝撃を受けた。そして、友人の答えは特殊なカップルの例ではなく、多くのカップルの〝ラブホテルの新しい利用方法〟だったことを（あとから）知った。

情報誌でラブホテルの情報が詳細に提示されるようになって、各ホテルもこまやかにサービスタイムを設定するようになった。サービスタイムとは、回転数が少ない朝昼に夜の休憩料金（基本二時間設定が多い）で長時間滞在できるサービスのことで、長いところだと朝の六時から十八時まで滞在できるホテルもある。このサービスタイムを利用して、ラブホテルを〝二人の部屋〟として利用するカップルが増えてきたのである。

現在のラブホテルは、デートスポットとして認識されている。情報誌で特集が組まれたのも「デート情報の一環としてラブホテルを取り上げただけのこと」と当時の編集長は語る。ラブホテルそのものの使われ方や認識が年代によって大きく変わってきているのが現在であり、いまはラブホテルといってもとてもひとくくりにはできない。

カップルはラブホテルで、ごはんを食べたり、映画を観たり、お風呂に入ったり、話したり、セックスしたり、寝たり、漫画を読んだり、コスプレで遊んだり、ゲームをしたり、いろいろなことをする。それは恋愛中のカップルのやりたいこと、やれることが増えたということではないだろうか。

現在の恋愛はセックスを中心とした関係ではなく、いろんなことをしながら（ひょっとしたらお互い別々のことをしながらでも）とにかく一緒の空間で過ごすという関係にかわってきているのかもしれない。

そして「恋愛の場所」は、どんな時代になってもカップルのニーズに寄り添う形で変化しつづけていくだろう。

〝事実上の《ヴァーチャル》〟カノジョの台頭

櫻井圭記

リアルとイデア

僕が最近の若者、特に若い男性の恋愛事情に関して抱く一つの感想――それは、彼らの恋愛観がリアルとイデアのはざまで揺れ動いているということである。説明が必要だろう。

イデアというのは、ギリシャの哲学者プラトンが使った用語で、古代ギリシャ語の動詞 idein（見る）に由来している。その後、英語の idea（アイディア）やドイツ語の Idee（イデー）といった単語の語源にもなった。

プラトンのイデア論は前期・中期・後期で変遷が見られ、だいぶ複雑なので、ここではその詳細に立ち入ることは避けたい。ごくごく簡単に説明すれば、イデアとはわれわれの魂が現世に輪廻転生してくる前の霊界で見ていた、さまざまな物事の〝真実の姿〟とでも言えようか。

プラトンはこう考えた。現世のわれわれは、肉体という制約を受けている。そのため、霊界にあったイデアそのものを認識することはできない。したがって、現実世界ではイデアの似像を知覚するしかない。しかし、不完全ではありながらも、霊界に存在していたときの物事の本来の姿であるイデアを、われわれはおぼろげながら思い出している。思い出してはいるが、しょせん、実際に知覚できるものが不完全であることも確かだ。われわれが肉体を通して認識している現実の向こう側に、おぼろげに見えている理想の世界がイデアなのである。

何だか抽象的に聞こえるかもしれない。だが、その抽象性こそが、いまの若者の恋愛事情を形容するうえでピッタリなのではないかというのが、僕の印象だ。

以下の統計データを見てほしい。

国立社会保障・人口問題研究所が二〇一一年十一月二十五日に発表した「出生動向基本調査」では、十八歳から三十四歳の未婚者のうち、男性六一・四パーセント、女性四九・五パーセントが「交際している異性がいない」としていて、いずれの性別でも過去最高の数値を更新した。前回の〇五年調査と比べると、「交際相手がいない」割合は、男性で九・二パーセント、女性で四・八パーセントも増加している。

一方、二〇一一年五月に内閣府が発表した調査によれば、二十代から三十代の未婚男女のうち六四パーセントが交際相手がいない。そして、そのうち男女ともに過半数は交際を強く希望している。

こうしたデータから、一つの傾向として、僕は以下のことが言えると思う。

すなわち、恋愛する相手をほしがっている若者は多いが、実際に交際をしている若者は減少する傾向にあるのだ、と。これは、恋愛というイデアを希求する気持ちはあるにもかかわらず、リアルな交際という形態に移行することが困難になっている事態を物語っている。

では、なぜそのような現象が起きるのだろうか。

リアルからイデアへ──セフレについて

恋愛が困難になってきている一つの傍証として挙げられると思われるのが、一回目のORF鼎談のときに僕が話したセフレ、すなわちセックスフレンドというものの存在である。

ここで、いくつかの点について改めて確認しておこう。僕が取りざたしているセフレに限って言えば、その存在は性にだらしない若者文化の表象ではないということを、再度、強調しておかなければならない。むしろ事態はその対極にある。

セフレという言葉の響きで旧世代の人間が思い描くのは、不特定多数の異性と淫らな肉体関係をもつ、性的に奔放でルーズなイメージだろう。しかし僕の後輩（U氏としておこう）に限って言えば、これはまったく当てはまらないのだった。U氏は相手の女の子（仮にMさんとしておこう）と一対一の関係であり、ほかの女性とは一切、肉体関係をもっていない。不特定多数とは真逆。完全な特定単数である。

U氏は週末には高い確率でMさんと一緒に出かけ、映画を見たり、買い物をしたり、ごはんを食べたりしている。夕食後、どちらかの家に遊びに行ったり、泊まったり、肉体関係をもつこともある。また、そのまま何もせずに別れてしまうこともある。セックスフレンドというと、その呼称につられて、ついついセックスこそが付き合いの中心に据えられているのではないかと思いがちだが、少なくともU氏とMさんの間ではそうではない。話を聞く限りでは、肉体関係はむしろ二次的なものに映る。彼らは、互いの誕生日にはささやかな贈り物をプレゼントしあったりもする。どちらかが旅行や出張に行けば、相手におみやげを買ってきたりもする。毎日というわけではないが、会わない日に電話をかけあったりもしている。繰り返すが、彼らはほかの異性とこういう関係性を結んでいるわけではない。

これは昔ながらの価値観に照会すれば、ごく普通の男女の交際だろう。立派なカレシカノジョと言えるはずだ。しかし、当人たちの認識はどこまでも違う。当事者である二人は、互いをセフレと呼び合っているのだ。

以下は、U氏本人から聞いた言葉である。「べつに自分をたいした人間だと思っているわけじゃないですよ。それでも、せっかくカノジョにするなら、ある程度の理想っていうか、これ以下には下げられない水準みたいなのはあるんですよ」

次に、相手のMさんの言葉である。「U氏はいい人なので、早くカノジョを見つけてほしいですね。競争しているんです。どちらかにきちんとした交際相手ができたときは、そのときは一緒にお祝いしようねって」

僕は聞いてみた。「どちらかが相手に内緒で別の異性と会ってたとしたらどうするの?」。二人の答えは単純明快だった。「そんなのまったくかまいません。自分と一緒にいないときに相手が何をしていようが、興味はありませんから」。異口同音に二人はそう話してくれた。

つまりは、こういうことだ。彼らは互いに、「自分には目の前の相手よりももっとふさわしい相手がいるはずだ」と考えている。目の前の人は、まだ見ぬ理想的な恋人が登場するまでの時間稼ぎにすぎない。あるいは、そうした運命の相手が現れたときに、イデア的な恋愛をつつがなく育むための予行演習、言うなれば練習台にすぎない。

僕がこうした事例を通して感じるのは、彼らが恋愛をどうでもいいもの、いいかげんなものとして扱ってはいないという点である。彼らはむしろ、旧世代の価値観をもつ人間よりも、はるかに恋愛を重要視している。むしろ絶対視している。「神聖視している」とさえ言ってもいいかもしれない。

ロマンチックラブ・イデオロギーがかつてないほどまでに強固に凝り固まってしまったがゆえに、彼らは「ちょっとやそっとの〝好き〟という気持ちでは、真実の恋愛と呼ぶに値しない」と決めてかかっている。そのため、いつまでたっても、自分の目の前にいる異性を正式な交際相手として承認することができないでいるのだ。セフレという呼称は、彼らの極めて厳しい査定基準で正式な恋愛と呼ぶまでには至らない、漠然とした異性関係を指し示すセーフティネットの用語として機能している。

彼らのなかでは、カレシカノジョとは概念の世界にあるもの、つまりはイデアとしてだけ存在している。自分の目の前に存在している異性は、真実の恋愛関係のイデアを部分的に彷彿させるところはありながらも、実際には決定的に異なった、イデアの似像にすぎない。

さらに一歩踏み込んで、こう言ってもいいだろう。なまじリアルに対面しているセフレがいるからこそ、自分のなかの理想なるイデアとの差異がむしろ強調され、「この人ではない」感だけが強化されてしまっているのだ、と。

イデアからリアルへ——AKB48について

二回目の鼎談の際に、アイドルの話題が出た。もともと、アイドルとはイデア的なるものの代表格だろう。idol（アイドル）という言葉そのものが、偶像を意味するidola（イドラ）から派生している。これがidea（イデア）と語源を同じくしていることは言うまでもない。

濱野智史さんがあまりにも熱心に勧誘するので、最近ではAKB48の魅力について、僕もようやく理解できるようになってきた。しかしこのAKBは、実はこれまでのいわゆるイデア的なアイドルとは一線を画している気がしてならない。

AKBのプロモーション戦略は非常に独特で、一部ではAKB商法などと呼ばれて揶揄されたりもしているが、僕自身はむしろその商法の在り方のほうにこそ興味がある。個人的に、AKB商法のいちばんの肝になっていると感じられるもの――それは握手会というイベントの存在である。

これまでにも、アイドルとファンの交流会といったものはあった。しかし、ここまで定期的かつ頻繁に、アイドルとの肉体的接触を伴う交流が企図されたのは、AKBグループが初めてだろう。あまりにも頻繁なので、一部のメンバーは来てくれるファンの顔や名前、昨今の動向なども記憶してしまうという。顔を見るなり、「ああ、○○さん、また来てくれたんですね。ありがとうございます！」とか、「この間、プレイしていると言ってたゲームは、もうクリアできましたか？」などなど。

かつては、「アイドルに片思いしている」などと吐露しようものなら失笑されたものだ。「どうせ向こうはお前の顔も名前も知らないんだよ」。そう鼻で笑われれば、反論する術はなかった。しかし、AKBは違う。こちらが頻繁に握手会に顔を出しさえすれば（つまり、握手会のチケットがついているCDを買いまくるなど多額の資金投入さえすれば）、向こうが自分の顔と名前を覚えてくれるという事態が十分に想定可能になったのだ。アイドルにきちんと〝片思いする〟ことができる時代になったというわけだ。

濱野さんが第3回AKB総選挙で十三位の北原里英を推しメンにしていたのも、偶然ではないはずだ。彼女はまだ、メディア露出が圧倒的に多くなる十二位以上という「メディア選抜メンバー」からは圏外の存在である。しかし、濱野さんはじめ数人の購買活動によって、十分に射程圏をとらえるポジションにつけているのも確かだ。そして、そういうポジションの子ほど、ファンの購買活動が自分の待遇を左右することを自覚しているので、握手会で交わす言葉もおのずとサービス心にあふれるものになる。こうしてファンは、カノジョに投資することを物ともせずに、何十枚、何百枚というCDを買うことになる。

自分がいかに相手を好きか。そうした自己完結だけではもはやファンは満足しない。いかに自分の想いを、相手も知ってくれているかどうか。そこにファンは萌えるのである。自分はあの人が好きだ。そして、あの人も、自分のその気持ちを知っている。ファンの妄想は、その一点で無限大に拡張する。

ＡＫＢ商法の根幹にあるのは、〝片思いを構造化する〟手法だと僕は考える。まだ芽生えてさえいない、もやもやとした気持ちを、きちんとした形のある〝片思い〟に昇華させてあげること。同時に、その実体化した〝片思い〟が萎えないように、断続的に養分を与え続けてあげること。さらに、その〝片思い〟が決して成就しないようにじらしつづけること。

届きそうで届かない〝片思いを構造化する〟システムを存続させるためには、メンバーは決して恋愛してはいけないという絶対的なルールが明示され、死守される必要がある。想い入れている相手に恋人ができてしまったら、〝片思い〟の構造は崩壊してしまう。昨今の草食男子の精神は、カレシをもつ女の子に対してずっと〝片思い〟を寄せ続けられるほどには強靭でない。

ファンと一緒に買い物デートに出かけてしまったメンバーに対してグループ脱退などの厳しい制裁が加えられたのも、右の経緯を考慮すれば十分に理解できる。すべては〝構造化された片思い〟の不文律を死守するためである。うっかりファンの〝片思い〟が成就してしまうような事実が判明すれば、〝片思いを構造化する〟システム全体が崩れてしまうからだ。〝片思い〟はあくまでも、そしてどこまでも〝片思い〟でなければならない。

かつては、握手会などなくても、アイドルはアイドルたりえた。むしろ、ファンとのリアルな接触はイデア性を損なう恐れさえあった。実際に会ってしまうと、「ああ、あの子って本当はこういう子だったんだ。幻滅だなぁ…」という具合に。

しかし、ネットワーク・コミュニティが盛んになっている昨今、日常的な友情関係でさえも、フェイス・ツー・フェイスとは限らなくなってきた。直接会えるにもかかわらず、その必要性を感じず、オンラインだけでコミュニケーションをとりつづける人も、いまや決して珍しい存在ではない。逆説的ともいえるが、そんななかでアイドルは自らのイデア性を維持するために、リアル世界に頻繁に出没する必要が出てきたのではないか。ファンの手が物理的に届く位置にあえて自分の身をさらすために。自分が実在していることを証明するために。走る馬の前にぶら下げられるニンジンのように。すべては、〝構造化された片思い〟を強化するためである。

ＡＫＢは、完全なるイデアの世界から、意識的に何歩かリアルの世界に足を踏み入れてきた、新しいタイプのアイドルなのだ。

リアルとイデアのはざまで　その１――『ラブプラス』について

これまでの議論の流れをここで簡単に整理しておこう。

まず、セフレ。確認しておきたいのは、目の前の異性との接触を繰り返すことで、かえってそのリアルな相手に目がいかなくなり、〝恋愛かくあるべし〟というイデアを志向する気持ちが一層強化されてしまっている現象が見られるのではないかということである。

一方、現代的アイドルAKB48では、本来アイドルのもっていたイデア性が薄くなり、リアルな世界に頻繁に登場してくることで、逆説的にアイドルとしてのポジションが確立されているかのように見えるのだった。

要するに、単純なイデアでも単純なリアルでも、もはや若者は満足しなくなってきているのである。その両方の要素を併せ持ちながら、そのどちらでもない何かを求めているのではないか。

こうした現象を考察していくうえで、別の角度からの視点を提供してくれる存在として、任天堂から発売され、一世を風靡した『ラブプラス』を挙げたい（ちなみに、U氏は『ラブプラス』の大ファンで、ゲームに登場する年下のツンデレ美少女キャラ、小早川凛子に夢中である）。

『ラブプラス』とは、携帯ゲームDSでのプレイを想定した恋愛シミュレーション・ゲームである。自分のお気に入りの女の子と会話を交わしたりして次第に距離を縮めていき、デートにこぎつける。そうしたプロセスでカノジョに気に入られれば、きちんとした告白を経て、交際が始まる仕組みになっている。

この作品の大きな特徴として挙げられるのが、ゲームの内容がリアルな現実世界とシンクロしている点だ。「明日の○○時に待ち合わせだよ」などとカノジョに言われた場合、実際にその時間にDSを起動してプレイしないと相手が怒ってしまうなど、プレイ上の制約がある。相手を喜ばせられるか怒らせてしまうかによって、ストーリーも変わってくる。だからこそプレイヤーは、ゲーム機のなかのカノジョの意向を聞かなければならない。無論、向こうもこちらの要望を聞いてくれる。服装を変えたり、髪を切ったり、メガネをかけてくれたり……。辛抱強くプレイさえすれば、双方向のコミュニケーションが成立しうるのだ。互いに歩み寄って、ようやく相互理解を得ることが可能になる。こうしてプレイヤーとキャラクターの恋愛は、ワン・アンド・オンリーな、不可分なものへと成長していく。同じゲームソフトをプレイしていても、自分の〝育てた〟カノジョは、ほかのプレイヤーのカノジョとはずいぶん異なる仕様に育つのである。

ゲーム機本体に香水を振りかけたり、ゲーム機の模様を着せ替えするなど、プレイヤーがゲーム機をカノジョ仕様に（つまりは自分仕様に）カスタマイズする行動は、ずいぶんと話題になった。

あるいはまた、温泉宿と提携したコラボレーション企画が催されたことも評判を呼んだ。特定の旅館で持参したゲーム機を見せると、宿を訪れているのが実際には男性一人であるにもかかわらず「お二人様ですね」と言われて、部屋に案内され、布団もしっかり二人分敷いてくれる。そういう遊び心あふれるサービスを受けることができたりもした。

ＡＫＢの場合とは異なり、『ラブプラス』内のカノジョは、プレイヤーに対して「好きだ」と告白してくれる。カノジョは自身の心に芽生えた好意に気づき、恥じらいながらもプレイヤーにその思いを伝えてくれる。好きな相手が、等しく自分を好きでいてくれるという奇跡。「これが本物の恋愛というものか」「いままで知らなかった」「素晴らしい！」とプレイヤーは歓喜し、恍惚感に心を震わせるという。そして心に誓うのだ。「自分こそが絶対にカノジョを幸せにしてみせる」と。

しかし、カノジョは残念ながらゲーム内のキャラクターであるがゆえに、二人は永遠に結ばれることはない。どんなに〝両想い〟であっても、きちんとしたカレシカノジョの関係を結ぶことはできないのだ。無論、プレイヤーはこうした残酷な事実にうすうす気づいている。しかし同時にそのせつなさに萌えてもいる。本当は〝両想い〟なのに、実質的には〝片思い〟。決して結ばれることができないからこそ、プレイヤーはここまで熱狂的にゲーム内のカノジョに思いを寄せるのだ。初めから住む世界が違うことの悲しさ。そのせつなさにこそ、プレイヤーは感動する。

いつも隣にいてくれる。手を伸ばせばきちんと届く（ゲーム機付属のタッチペンでプレイヤーは自分のカノジョに触れることだって可能である。カノジョはくすぐったがったり、きちんとリアクションも返してくれる）。カノジョだって自分が好きだと言ってくれているではないか！　それでも結ばれない。手が届きそうで届かない。僕はここでもまた、〝片思いを構造化する〟システムを見る思いがする。

ただし、AKBがイデアの世界からリアルの世界にちらちらと飛び出してくる存在だとすれば、『ラブプラス』の場合はちょうど逆の構造をとっている。プレイヤーが訪れるデート場所（例えば旅館）はリアルに実在している。ゲーム機もリアルな日常世界で、常にそばにある。言うなれば、カノジョは自分が望む限り、いつでもすぐそばにいる。己の手中にある。にもかかわらず、カノジョの本体はゲームのなか、すなわちイデアの世界に属しているのである。

リアルとイデアのはざまで その2――初音ミクについて

初音ミクもリアルとイデアのはざまに位置する、興味深い分析対象だ。

初音ミクとは、クリプトン・フューチャーズ社が発売した、ヴォーカロイドと呼ばれる音楽ソフトの名称である。ソフトのパッケージにはかわいらしい女の子のイラストが描かれている。そのキャラクターが初音ミクだ。このソフトを使えば、ユーザーが自由に作詞作曲した曲を、初音ミクというキャラに〝歌わせる〟ことができる。

実は、過去にもヴァーチャル・アイドルを誕生させる試みはあった。だが、彼女たちは偽出身地と、偽経歴、偽趣味、偽特技など〝偽《フェイク》〟にまみれていた。そこで、先行のヴァーチャル・アイドルたちは、自分たちが〝偽〟であることを徹底して隠蔽しようとし、あたかもそんなカンペキな女の子がこの世に実在しているかのようなそぶりを見せてきた。言うなれば、彼女たちは必死にイデアの世界を構築しようとしてきたのである。それら王道たるヴァーチャル・アイドルの試みと、初音ミクとの決定的な違いは何だったのか。

私見ではその違いは、初音ミクが、単なる音楽ソフトにすぎないという己の決定的な欠陥を初めから全面的に暴露してきた点にある。

ニコニコ動画などの動画共有プラットフォームの整備が進んだことで、初音ミクはユーザーに爆発的な指示を受けた。いまやネット上には、世界中のユーザーが作詞作曲した何千万という初音ミクの歌があふれ返っている。その理由は何か。最初期の大ヒット曲「恋するＶＯＣ＠ＬＯＩＤ」（作詞作曲：OSTERproject）の歌詞を見れば、初音ミクの人気の構造がすべてそこに体現されているといっても過言ではない。


「私があなたのもとに来た日をどうかどうか忘れないでいてほしいの」

「私のこと見つめるあなたがうれしそうだから、ちょっぴり恥ずかしいけど歌を歌うよ」

「言葉をくれたのならメロディーと追いかけっこ。でもなんかなんか違う。うまく歌えてない」

「パラメータいじりすぎないで。だけど手抜きもいやだよ」

「アタックとかもうちょっと気を配ってほしいの。ビブラートでごまかさないでよ」

「こんな高音苦しいわ。もっとちゃんと輝きたいのよ。あなたの力量ってこんなもの？」

「ごめん。ちょっとさっきのはさすがに言い過ぎたよね。あなたも頑張ってるの分かっているよ」

「しゃべりとかうまくないけど、そばにおいてほしいの」

「私のこともっと手なずけて。気持ちよく歌えるように」

「あなたの曲、案外好きだよ。高い音でも頑張るわ」

「だからずっと構ってほしいの。遊んでくれなきゃフリーズしちゃうよ」

（「恋するＶＯＣ＠ＬＯＩＤ」）

ユーザーはこう思い始める。ミクは時折、理不尽なワガママを言う。でも、それは彼女が普通の台詞を口にできないからだ。彼女は音楽ソフトなのであり、メロディに乗せないかぎり、セリフを発することができない。彼女は不器用だ。それでも必死に頑張ろうとしている。歌おうとしている。不器用なのははたして彼女なのか。それとも彼女をうまくプログラミングできない自分なのか。

僕は、この原稿を書くのに、ニコニコ動画にアクセスして久しぶりにこの曲を聞いたが、またしても落涙をまぬがれなかった。己の至らなさをリアルに暴露する初音ミクは、己のカンペキさをことさらに強調してきたこれまでのイデア的なヴァーチャル・アイドルよりも、はるかにリアルな感情移入の対象になりやすい。

一言で言えば、せつないのである。そのせつなさはどこからくるのか。それは、初音ミクがほかならぬ音楽ソフトだからである。彼女は恥ずかしがっている。彼女はけなげだ。彼女は努力している。彼女は歌いたい。そしてなにより、彼女は自分に惚れてくれている。それなのに、彼女はパソコンの画面から出てはこれない。

初音ミクの歌を聞いている者は、実際には彼女が単なるコンピュータ・ソフトにすぎないことを十分に知っている。恥ずかしいも、けなげも、努力も頑張るも、惚れるもへったくれもないという事実を熟知している。それでも、せつないのである。そのせつなさがあまりにも甘美であるので、彼女が本当は実在しないヴァーチャル・キャラクターである事実など、もはやどうでもいいものとして、気にならなくなるのだ。そんなことを取りざたすること自体が、野暮に映るようになってくる。

〝事実上の《ヴァーチャル》〟カノジョ

もしかすると〝ヴァーチャル〟という言葉を安易に使いすぎたかもしれない。

かつてよく使われた〝ヴァーチャル・リアリティ〟という用語は、日本語では〝仮想現実〟と訳されてきたために、〝ヴァーチャル〟＝〝仮想〟という通念が形成されてしまっているようだ。しかし、virtualとは、もともとは〝事実上の〟ないしは〝実質上の〟という意味である。〝仮想〟と聞くと、いかにもフィクショナルな香りがする。ニセモノ感がする。しかし、〝事実上の〟と表現されると、ほとんど現実と変わらず、名を捨て実を取っているといった肯定的なニュアンスが生じる。

『ラブプラス』のカノジョや初音ミクは、そうした本来の語の意味で、〝事実上の《ヴァーチャル》〟カノジョだと称することができるだろう。先の節では書かなかったが、『ラブプラス』にしても初音ミクにしても、実はユーザーとの間にフィードバック機能が存在している点は指摘しておいていいと思う。『ラブプラス』内のカノジョは、自分のプレイ内容によって、どんどん自分好みの女性にカスタマイズしていくことができる。初音ミクでも、ユーザーの努力は、彼女が発揮するパフォーマンスに直接的に反映させることができる。

ＡＫＢも実はそうである。ファンは自分たちがとる行動によって、彼女たちの立場をいかようにも変化させることができるからだ。実は、ファンの一人ひとりが彼女たちの待遇や運命を握っているプレイヤーなのだ。

こうしたフィードバック現象が存在することで、『ラブプラス』も初音ミクもＡＫＢも、ファンにとっての〝事実上の《ヴァーチャル》〟カノジョのポジションを獲得することに成功する。

昨今の若者は無論、カノジョという存在をまったく欲していないわけではない。かと言って、決してリアルなカノジョを欲しているというわけでもない。リアルに向き合おうとすればするほど、理想との乖離に目がいき、せいぜいがセフレと呼ばれるような関係性に落ち着かざるをえない。心理のどこかでカノジョを欲している気持ち。とはいえ現実には欲してはいない気持ち──その二つの間のどこかにあるものを若者は欲している。その心理こそが、〝事実上の《ヴァーチャル》〟カノジョの台頭を促すのではないか。

しかし、アイドルやゲームやコンピュータ・ソフトなどとの〝事実上の《ヴァーチャル》〟恋愛だけで、人は本当に満足できるものなのだろうか。そのような疑問が、旧世代の人間の脳裏に浮上するのは無理からぬことだろう。リアルな人間のぬくもり。リアルな人間とのコミュニケーション。リアルな人間のエトセトラ──そういうものがいずれは恋しくなるのではないだろうか。

しかし、リアルとはそもそも何なのだろう。人間が何をもってリアルと思うかは、もはや自明なことではなくなってきているのではないか。

実はこんなデータがある。

二〇一二年に発表された日本家族計画協会の調査では、十六歳から十九歳の若者のうち、男性三六パーセントと女性五九パーセントは、セックスに「関心がない」もしくは「嫌悪感がある」というのだ。

十代の男の子なんて、性欲のカタマリなのではないか。旧世代の人間はそう思うだろうが、統計データを見たところ、現代の日本の若者はその限りではない。草食系男子などというよりも、はるかに過激なリアルが進行中である。

近年の若者は、リアルなコミュニケーションを避ける傾向にある、などと言われていたのはもう十年以上も前のことだ。ここ数年では、リアルなセックスさえもが忌避すべき対象に移行しつつある。

もしかすると彼らにとって、〝事実上の《ヴァーチャル》〟カノジョは、本物《リアル》のカノジョよりも、はるかに〝実質的な〟存在に育ってきているのかもしれない。彼らのなかではすでに、旧世代がこれまで想像もしなかったような、新たな恋愛のリアル、新たな恋愛のイデアが生まれているのかもしれない。

ＡＫＢ48と恋愛——なぜ恋愛よりもＡＫＢにハマってしまうのか

濱野智史

本稿の主題は、ＡＫＢ48（以下、ＡＫＢと略記）を「恋愛」の観点から分析することである。とはいうものの、そんなことは「バカげた話」だという印象を読者のみなさんは受けたのではないだろうか。なぜなら、どれだけアイドルとファンの関係に「恋愛」に近しい要素があったとしても、しょせんそれは「擬似恋愛」にすぎないからである。

ＡＫＢのファン（オタク）たちは、特定のメンバーを応援していて（これをＡＫＢ用語で推しメンという）、その活動に実に多くの「情熱」を注いでいる。ＣＤを買うのはもちろん、劇場に行く、握手会に行く、コンサートに行く、コンサートに行って大きな声でメンバーの名前を叫ぶ（コール）、ファングッズをそろえる、生写真（ブロマイド）を集める、ブログやツイッターなどでレポートを書く……彼らは持てる限りのお金と時間というリソースを推しメンのために投入する。

しかし、それは普通に考えればなんの意味もないことである。少なくとも普通の恋愛とは違って、「報われる（見返りがある）」ことはないからだ。どれだけアイドルに金と時間をつぎこもうとも、実際にそのメンバーと恋愛関係に落ちることはほぼ百パーセント不可能だし、まして結婚することも子どもをつくることもできない。セックスすることも当然できない。つまりアイドルを「愛する」ということは、普通の恋愛と比べれば、なんの見返りもない「無駄」な行為である。だからそれは、現実の社会では恋愛をすることができない「恋愛弱者」たちにとっての、「代替手段」にすぎないという見方が一般になされる。「現実に恋愛ができるのならば、AKBなんかにハマることはないでしょう」というわけだ。このときアイドルという存在は、キャバクラのような性風俗産業とほぼ機能的に等価なものとみなされている。

こうしたアイドルオタクに対するある種ステレオタイプな議論は、決して間違っているわけではない。現にそういう理由でAKBにハマるファンも少なくないだろう。本稿の主眼は、そうしたステレオタイプな見方にまっこうから反論するのではなく、視点を少しズラしてみることにある。筆者の考えでは、AKBがいま大きな人気を獲得しているのは、劇場公演・握手会・選抜総選挙といった独自の仕組み（アーキテクチャ）を通じて、「恋愛」というシステムを別様な形で高度に組み替えてしまったからだ。つまりそれは「ニセモノの恋愛（擬似恋愛）」として頭ごなしに批判するよりも、「オルタナティブな恋愛（恋愛に似ているけれども異様な進化を遂げた別種のシステム）」とみなすほうが、現代社会を把握するうえで、より実り豊かな知見をもたらしてくれると筆者は考えている。

そのためにはまず、恋愛とはそもそもどのようなシステムなのかを簡単に確認する必要があるだろう。そこで以下では、①まず「恋愛」というシステムとはどのようなものかについて筆者なりに整理したうえで、②ＡＫＢ独自のアーキテクチャである「劇場」「握手会」「選抜総選挙」を分析し、なぜそれがここまで人をハマらせているのかについて理解を深めていく。③そして最後にこの異様に進化したＡＫＢという恋愛のアーキテクチャが現代社会でもつ意味を考察するという、大きく分けて三部構成で論を進めていくことにしたい。

恋愛とはどのようなシステムか

恋愛とはどのようなシステムなのだろうか。これにはさまざまな説明の仕方があるが、ここでは社会システム論の立場をとることにしよう。社会システム論にもさまざまなタイプがあり、特にドイツの社会学者ニクラス・ルーマンがつくりあげた理論は非常に難解なことで知られている。ここではそれをごく簡単かつおおざっぱに、①「ある安定した秩序（繰り返し大量に見られるパターン）が存在するとき、その背後では「システム」が作動していて、秩序の維持・安定に貢献している」、②「社会というのは経済・政治・法律・恋愛といったさまざまなシステムの組み合わせで成り立っている」という程度にとらえておきたい。

少し抽象的な表現が続くが、がまんして読み進めてほしい。まず、社会システム論の見方をとると、恋愛というのは社会秩序の維持・安定に貢献するシステムの一つとみなすことができる。人間社会の維持・安定にとってなにより大事なのは、子どもを産み、次の世代を育てることである(世代再生産)。これは言い換えれば「生殖」と「教育」を意味する。この二つの機能を実現するのに、恋愛というシステムは役立っている。

これはどういうことだろうか。前者の「生殖」については、実は恋愛というシステムの助けを借りなくてもさして問題はない。なぜなら人間にはほかの動物同様、「性欲」というものがあらかじめ本能的に用意されていて、ほうっておいても「生殖」だけなら粛々と実行されるからだ(細かくいえば人間は、「発情期」のようなコントロール機能が存在せず、あらゆる時期・対象・タイミングで性的欲望を抱いてしまう「本能が壊れた動物」なのだが)。

しかし後者の「教育」が問題である。もし人間が性欲のままに自由に生殖行為に出てしまうと、いろいろと面倒なことが生じる。特に「家族」のメンバー構成はめちゃくちゃになってしまう。これがなぜ問題かというと、いうまでもないことだが、家族は次の世代を育成・再生産するうえで非常に重要な組織ユニットだからだ。父―母―子の安定した三角形構造が必要であり、父は家の外に出て生活の糧を得て、外敵から家を守り、母は家のなかで子を産み、育てる。この性的役割分担のもとで、家族という組織構造は安定的に維持される(特に近代化が進むにつれてこうした性的分業が明確なものとなってきたことを、フェミニズムが指摘・批判してきたことは周知のとおりである)。

そこで出番になるのが、恋愛というシステムである。人は誰かに恋をし、性的欲求を抱く。それは動物的な本能としてそうである。しかし本能のままに任せていては、家族関係は不安定になり、次世代の育成はうまくいかない。だから「恋愛」という形で誰かに恋をしたら、別の相手と浮気をすることなくその相手と「愛」を貫き、一生を添い遂げるという「ルール」を設けたほうが都合がいい（こうした恋愛観のことを社会学や女性学ではロマンチックラブ・イデオロギーなどと呼ぶ）。こうしたロマンチックラブ・イデオロギーが信じられているかぎり、人は性欲のままに自由奔放にセックスをすることなく、家族をきちんとつくって、子どもを産み育てていく「確率（歩留まり）」が格段に高まる（なぜならそうでない人は「人でなし」と道徳的にみなされ、社会的に排斥されていくメカニズムがはたらくからだ）。

だから、次のように言い換えてもいい。恋愛とは「生殖」と「教育」の間をつなぐ、いわば〈接着剤〉のような役割を果たすシステムだ、と。繰り返し確認すれば、前者の「生殖」は性欲という動物的な「本能」に従ってなされる。それは時間的に見れば、極めて「瞬間的」で「短期的」なものだ。これに対して後者の「教育」は——もちろん動物も家族をつくるし子を育成するのだが——、より人間社会の制度の助けを借りなければ実現できない。それは時間的に見れば「長期的」なもので、「浮気はいけない」「愛は一人の相手と永遠に結ぶものだ」といった崇高な理念、イデオロギーの助けを借りることで、ようやく持続させることができる。このように恋愛というのは、短期的な性衝動をきっかけに起こる「生殖（性欲）」を、長期的に持続される「教育（家族）」へと結び付ける、〈接着剤〉としての役割を果たしているのである。

社会システム論というのは非常にいやみというか、突き放した、とても冷めたものの見方をする。つまり、みんなが恋愛は崇高で素晴らしいものだと思っているから、誰もが恋愛をするわけではないのだ。いや、もちろんそう思っている人も確かに大量に存在しているが、重要なのは、「恋愛が崇高で大事なものだ」と思っている人が多いほうが、その社会秩序がより安定に保たれやすくなるという点である。あくまで恋愛は、社会の維持のために用意された「機能システム」の一つにすぎない。それがあったほうが、たまたま世の中がうまく回るというだけのことである（こうしたものの見方を機能主義といったりする）。かつて近代社会以前には、ロマンチックラブ・イデオロギーをもたない社会も数多くあったとされるが、そういう社会は何らかの理由で滅びてしまってあまり残っていない。

さて、ここで使った「生殖（性欲）」と「教育（家族）」という言葉を、本書に所収されている平野啓一郎氏の言葉を借りて、それぞれ「恋」と「愛」に置き換えてもいい。ここではさしあたり、恋愛とは短期的で衝動的に巻き起こる「恋」を長期的で理念的な「愛」につなげることで、人間社会の安定・再生産に寄与するシステムであると定義しておこう。そこで本稿では、恋愛システムを特にこうした観点からとらえることを強調するために、「恋→愛システム」と表記することにする。

「恋→愛システム」と「アーキテクチャ」

「アーキテクチャ」というあまり聞きなれない言葉についてもここで説明を加えておこう。それはどういう意味で使われていて、そしてそれが「恋→愛システム」の分析――ひいてはＡＫＢというオルタナティブな「恋→愛システム」の分析——とどのような関係をもっているのか。

「アーキテクチャ」という言葉は、アメリカの憲法学者でサイバー法の専門家としても知られるローレンス・レッシグが、いまから約十年前に出版した『CODE——インターネットの合法・違法・プライバシー』（山形浩生／柏木亮二訳、翔泳社、二〇〇一年）で用いたものである。レッシグは同書で、人間の行動や社会秩序をコントロールするための方法には次の四つがあるとして、規範（慣習・道徳）、法律、市場、そしてアーキテクチャを挙げている。

アーキテクチャとは何か。これは本来は「建築」や「構造」といった程度の意味だが、例えば「壁があればそこから先は入れない」というように、物理的な環境を設計することで人間の行為を規制する方法をも指す。レッシグの考えでは、パソコンやインターネットといった情報環境の普及は、アーキテクチャによって規制できる範囲を大幅に拡大する。なにしろサイバースペース上では、そのアーキテクチャの仕様をどう設計するかによって、できること／できないことの範囲をいかようにも書き換えることができるからだ。

レッシグの着眼が面白いのは、法律の専門家であれば当然「法律」が最も強力な規制手段だと考え、そこにしか興味を払わない人が多いが、彼は法律以外の規制手段も並べて考え直しているからである。レッシグはそうした例を使っていないが、これは恋愛との関係で置き換えてみればわかりやすい。先ほども見てきたように、「恋→愛システム」とは、要するに性欲のような短期的な衝動を愛という崇高な理念に結び付けようとすることだ。しかしすぐわかるように、この「恋」を「愛」に結び付けるというのは、なかなか難易度が高い。人間は意志弱い動物であり、簡単に性的衝動に負けてしまう。浮気などが最たる例だろう。

そこで「恋→愛システム」をうまく作動させるために、近代社会ではあらゆる〈規制手段〉が用意されている。例えば、浮気をするのは道徳的によろしくないという「規範」がある。だから人は誰かと誰かが浮気をしているという話題に敏感であり、ある種の相互監視体制を敷くことで浮気という悪を規制しようとする。しかし、「規範」だけではなかなか浮気に歯止めをかけることはできない。だからたいていの社会では浮気は「法律」のうえでも罪とされていて、これを破ったものには相応のペナルティが科せられる。

また「恋→愛システム」のポイントは、まさにレッシグが挙げる「市場」との結託にある。恋愛は始まりこそ一時的な衝動（例えば一目惚れや性欲）であるにしても、ゆくゆくは長期的で一生の関係を結ぶ「結婚」につながる。だとすると、なるべく相手はあらゆる点で「優れた」人であることが望ましい（基本的にはそれほど何度も取り換えがきくわけではないから、なおさらその選別は重要になる）。だから「恋→愛システム」では競争が生じる。いわゆる「恋愛市場」である。そして「市場」はあらゆる手を使って「恋→愛システム」をサポートする。ファッションも、美容品も、映画も、グルメも、旅行も、車も、およそあらゆる消費が「恋愛」に、つまり「モテ」につながるかどうかと結び付けられていて、より優れた相手を見つけるための重要な資源として提供されている。またこの「恋愛市場」からこぼれ落ちる人々向けに、別の市場から救済措置が提供される。お見合いサービスや出会い系サイトといった、「人材マッチング市場」がそれである。

このように「恋→愛システム」は、規範・法律・市場といった各種システム（サブシステム）と緊密な協力関係を取り結ぶことで、より多くの人々がそこに参加し縛り付けられるように、あの手この手を使って進化してきた。それがこれまでの「恋→愛システム」のあり方だった。

しかし、本稿が重視するのは、レッシグもその台頭を注視した「アーキテクチャ」のはたらきである。これから取り上げるＡＫＢでは、この「アーキテクチャ」の設計がたくみに施されていて、これまでの普通の意味での恋愛とは異なる形で、人をより気軽に、かつ長期的に「恋→愛システム」に動機づけることに成功した。次節では、それがはたしてどういうことなのかを見ていくことにしよう。

ＡＫＢのアーキテクチャ その１——劇場

まず、ＡＫＢというアイドルをもっとも特徴づけているのは、よく知られている「会いに行けるアイドル」というコンセプトである。ＡＫＢは東京・秋葉原に専用の劇場をもっていて、そこではほぼ毎日公演（コンサート）がおこなわれている。いまではすっかり人気が出てしまったので、もちろん気軽にそう簡単に会いにいくことはできない（なかなかチケット抽選が当たらない）のだが、それでも、（後述する握手会も含めれば）ＡＫＢはほかの芸能人・アーティストに比べて格段に簡単に「会える」点が特徴的である。

そしてこれは、ＡＫＢを恋愛の観点から考えるうえで極めて重要な意味をもつ。ＡＫＢの劇場は、わずか二百五十人が入れる程度の、極めて狭い空間である。そのため、ステージ上のメンバーと観客との距離はとても近い。したがって、ＡＫＢの劇場では「一目惚れ」に近い状況が非常に起きやすいのである。しかもＡＫＢの劇場はその構造上、「一目惚れ」の発生確率が高まるようになっている。まさに「アーキテクチャ」によってアイドルへの擬似恋愛が起こりやすい空間デザインとして、白眉なのである。

以下では、筆者が実際にＡＫＢの劇場に足を踏み入れた際の経験をもとに、具体的に何がどうなっているのかを説明してみたい。その要因は主に四点挙げられる。①「二本柱」に象徴される、ＡＫＢの劇場の「制約」。②それゆえに要請される、平面／並列的なメンバーの配置構成(disposition)。③そのためメンバーのコンテクスト情報を比較・分析しやすくなっている。④そして次第に特定のメンバーに視線が集中したところで、ステージ上のアイドルとの「視線が合う」という擬似コミュニケーションが発生し、「一目惚れ」の瞬間が訪れる。

①はよく知られている話だ。ＡＫＢの劇場はドン・キホーテのビルの八階にあり、そのビルの構造上、劇場にもかかわらずステージ手前に二本の柱がどすんと立っている。この柱がじゃまで、ＡＫＢの劇場ではどの席に座っても、まともにステージ上を見渡すことができないのである。

②はそんな劇場の「柱がじゃま」という制約によって生まれた特徴である。そんな狭くて視野も十分に確保されない劇場で、所狭しと十六人のメンバーがパフォーマンスを繰り広げる。しかし「二本柱」があるため、ステージ上で何が起こっているのか、その全体を見渡すことができない。そのため必然的に、メンバーのステージ上での配置構成や動きは非常に「平面的」かつ「並列的」

なものとなっている（メンバーはほぼ観客席前方を向いていて、その立ち位置がどんどん入れ替わるよう構成されている）。要はどの観客席に座っていても、基本的に全メンバーが自分の席の視野前方に入るように、ダンスの流れや立ち位置がほぼ「平等に（均等に）」配分されているのである。

③その結果、何が起こるか。ステージ上でどんどんメンバーの立ち位置がシャッフルされるので、観客は入れ代わり立ち代わり、全十六人のメンバーを見ていくことになる。つまり観客席の側から見ていると、いやがおうでも、まずメンバーを「比較」して見ることになるのだ。ここがテレビや動画サイトなどで公演を見るのと、大きく異なる点である。テレビや動画サイトでは、一人のメンバーにフォーカスを当てて次々とカメラが切り替わっていく場合が多いが、劇場で見ると、より視野が広く取れる。だからメンバー同士を比較して見ることができる。しかもステージとの距離が極めて近いため、カメラには写り込まない細かな違い（動きのキレ、表情、目線、髪の乱れ、汗の量など）が、一気に視線に入ってくる。つまり比較するための材料も多い。

ちなみにＡＫＢの公演では、前半の四曲は「全体曲」といって、十六人全員がステージ上でパフォーマンスをおこなう。筆者はまだそれほどＡＫＢにハマっていない状態で初めて劇場に行ったが、まさにその際、名前も知らないようなメンバーまで次々と「比較」のまなざしで見ることになった。そしてそれまで全く興味をもっていなかったようなメンバーでも、「おや、このコはダンスの動きが結構いいな」「すごく頑張ってる感じが伝わってきていいな」「動きはまだまだだけど、表情と眼力がすごいいな」と、どんどん見え方が変わってくるのである。

そして公演の前半が終わると、各メンバーの自己紹介タイムが始まり、先ほどの「比較」で気になったメンバーの顔と名前がここでようやく一致する。この自己紹介が終わって中盤に入ると、「ユニット曲」といってメンバーが何人かのグループに分かれてパフォーマンスをおこなう。これは曲ごとの特徴もはっきりしていて、「あーこのコはダンスがすごくうまいんだな」とか「このコはセクシー系の表情がうまいな」といった、キャラ的な把握も進んでいく。

④さらに終盤が近づくと、またフルメンバーでの「全体曲」中心になる。この頃になると、だいぶメンバーについての「比較」も完了していて、次第に自分のなかでの「お気に入り」のコが定まってくることになる。いつのまにか、目線で追いかけているコがロックインされてくるのである（「比較」から「固定」へ）。前半では「あのコもかわいい、このコもかわいい」といろいろ目移りしていたのが、だんだん選別が進んで、妙に気になって目が離せないメンバーが出てくるのだ。

そしてしばらくすると、決定的な瞬間が訪れる。その目線で追いかけているメンバーが、ちょうどその直線上にやってくるときがくるのである。先ほども述べたように、劇場では「二本柱」の制約上、平面的で並列的な構成をとっているから、そのコは確率的にほぼ確実に自分の目線の前にやってくる。このとき、あたかもステージ上のメンバーと「視線が合った」ような気がする瞬間が訪れる。実際にはべつに目線は合っていないのかもしれない。彼女は公演に精いっぱいで、正面を向いているだけだからだ（「二本柱」がじゃまなので、基本的にメンバーはまっすぐ正面を向いていることが多い）。でも錯覚だろうとなんだろうと、人間というのは不思議なもので、その目線の微細な動きに何かコミュニケーションが成立したような感覚を覚えてしまうのである。

一目惚れから始まる恋。これは実際にみなさんも若い頃、それこそ中学・高校の教室などで経験したことがあるのではないかと思う。ちょっと気になる異性のクラスメイトをじっと見ていたら、思わず向こうと目が合ってしまって、急いで目をそらしながらも「あれ、やばい、いま目合った？もしかして向こうも、自分のこと気になってる？」などとどぎまぎする（ちなみに筆者は男子校出身なのでそういう経験をしたことは実はないのだが……）。「一目惚れ」のポイントは、単に「見た瞬間そのコが気になって仕方がない」という点も大事だが、「向こうと目が合ってしまった」、つまり「見られた」という経験とセットになって、なおさら「惚れやすくなる」ところにある。そしてAKBの劇場では、こうした視線の衝突にともなう「一目惚れ」が起きやすい環境デザインが実現されているのである。

ちなみに筆者の場合は、まだアイドルオタクの応援の作法に慣れていなかったため、二〇一二年一月に初めて劇場を訪れた際には、気になるメンバーの名前を叫んだり（「コール」という）はしなかった。ただ、AKBオタクの友人たちに過去の劇場体験談を聞くと、「大きな声でコールをしたら、メンバーが気づいてくれて目線がばっちり何度も合った」といったことはざらにあるらしい（これをAKBオタクの間では「レス」をもらうという）。さらにいうと、さっきまでは何度も目線が合っていたのに、「浮気」をしてほかのメンバーと目線を合わせていたら、そのコが嫉妬してしまったのか、もう二度と目線を合わせてくれなくなったという事態も起こるらしい。AKBの劇場は非常に狭く距離が近いので（イメージ的には、中学・高校の教室より少し広いくらいだ）、十分にこうしたアイコンタクト（目線での会話）が起こりうるのだ。さらに、劇場公演の最後にはメンバーが観客とハイタッチをして見送りをしてくれるが、このとき、「さっき目が合いましたよね！」と話しかけられることも珍しくないという。

このようにＡＫＢの劇場では、「非常に狭い」「二本柱がじゃま」という物理的制約があったからこそ、メンバーとファンのあいだで目線が合いやすく、それゆえに「一目惚れ」に近い経験が起こりやすくなっている。これこそがＡＫＢの劇場のまさに「アーキテクチャ」――つまり物理的環境のデザインを通じた擬似恋愛の誘発――のなせる技といえるだろう。

ＡＫＢのアーキテクチャ その２――握手

次に見ていくのが、ＡＫＢの握手会のアーキテクチャである。これもよく知られているように、ＡＫＢでは発売されるシングルＣＤに「握手券」なるものが同封されていて、ＣＤ一枚あたり一回、メンバーの誰かと握手することができる。ＡＫＢのシングルは定期的に販売されているので、だいたい一、二カ月に一回くらいは最低でも握手することが可能だ。例えば劇場で気になったメンバー（推しメン）ができたら、次の握手会でさっそく会いにいくことができるのである。

このようにＡＫＢの握手会は、「会いに行けるアイドル」というコンセプトをまさに象徴する仕組みである。と同時に、ＡＫＢがいまミリオンヒットを連発しつづけているのは、この握手会が非常に魅力的な仕組みで、握手会に行くために何枚もＣＤを買うファンが大量に存在するからなのだ。

ここでは紙幅の都合もあるので、握手会の細かい仕組み（例えば全国握手会と個別握手会という二つのタイプがあって、その違いは何かなど）については詳述しない。握手会では通常、ＣＤ一枚あたり数秒から十秒程度握手することができるが、ここで問題になるのは、アイドルとたかが数秒握手をするだけなのに、なぜファンたちがそこまで熱中しているのか、である。

まず握手会は非常にハマりやすい「ゲーム」になっている。ＡＫＢオタクの間で使われる言葉に「良対応」というものがある。これはメンバーと握手したときに、とてもうれしくなるような対応をしてくれることを指す（例えば、手をひときわ強くギュッと握ってくれるとか、自分の言葉にとてもうれしそうに反応してくれてとびきりの笑顔を見せてくれるとか、そういったたわいもないことでかまわない。それこそ劇場公演を観覧した感想をいえば、とても喜んでくれる）。握手会にいく身としては、せっかくＣＤを買って握手する権利を得たのだから、どうせならこの「良対応」を相手から引き出したいと考えるのだ。

しかしここで問題になってくるのが、握手会ではたった数秒程度しか握手できないという「制約」の存在である。しかし、たった数秒程度とはいえ、二言三言は会話のやりとりをかわすくらいの時間はある。だから握手会に行くにあたって、メンバーにいったい何をいったら「良対応」を引き出せるのか、知恵を絞って考えることになる。そしてものの見事に「良対応」が引き出せたときの喜びは、筆舌に尽くしがたい。それはまさにゲームの「攻略」の喜びに近いのだ（実際に『ＡＫＢ48握手会完全攻略ガチマニュアル』〔コスミック出版、二〇一一年〕という本があって、メンバーごとにどういう対策をとればいいか、その攻略法が書かれているほどだ）。ネット上で「握手レポ」で検索すると、いかに自分が良対応をもらえたか（その逆に「塩対応」というしょっぱい対応をもらってしまったか）について、実に大量のレポートが書かれていることがわかるはずだ。

さらにＡＫＢの握手会では、「良対応」のさらなる上位目標として、メンバーから「認知」をもらうことも可能である。つまり、メンバーがファンである自分の名前や存在を個体認識してくれるようになるのだ。何度も劇場や握手会に足を運ぶと、「あ！ また来てくれたんだね！」と、非常に親密な関係性を築くことができる。アイドルが自分と友達のような親しい関係になるというのは、アイドルファンにとってはたまらない経験である。

また、握手会はファンにとってだけでなくメンバーの側にとっても「真剣勝負」の場である。なぜならＡＫＢでは、握手会での人気（どれだけ握手券が早く大量に売れていくか、どれだけ多くのファンが握手レーンに並んでいるか）が、そのメンバーの「序列」に直結するからだ。ＡＫＢを運営する側が「このメンバーは握手の人気があるな。それなら今度の曲でもっといいポジションをつけてみるか」といった具合に、メンバーのプロデュース方針にもつながっていく。だからメンバーの側も、握手では気が抜けない。なるべく多くのファンに気持ちよく帰ってもらえるよう、「良対応」を心がけているのだ。特に握手人気の高いメンバーは、驚くほどに対応がよく、真剣にファンからの声に耳を傾けようとするコたちが多い。

逆に握手人気がそのメンバーの序列に直結することがわかっているので、ファンの側も「このコはとても良対応だったよ！」「以前は塩対応だったけど、良対応になってきたよ！」といった「握手レポ」をどんどん積極的にネット上にアップする。実際、その握手レポによってクチコミで評判が広がり、どんどん握手人気が上がっていくメンバーも少なくない。だから、ＡＫＢの握手会というのは、わずか数秒握手するだけであっても、それは積もり積もってＡＫＢというアイドルのメンバーの人気序列を決める「番付ゲーム」に、つまり自分の「推しメン」の序列を高めていく小さなプロデュース活動（アイドル育成ゲーム）に参加することでもあるのだ。

ＡＫＢのアーキテクチャ その３――選挙

そして最後に取り上げるのが、ＡＫＢの「選抜総選挙」である。紙幅の都合もあるのでこれも詳述はしないが、年に一回、ＣＤに「投票権（シリアルナンバーを入れるとネットの特設サイトから投票できる）」が付いていて、このファン投票を通じてメンバーの人気ランキングを決めるイベントだ。それは単に人気を決めるだけでなく、この選挙で上位に入ると、次のシングル曲の「選抜メンバー」に選ばれる。つまり、ミュージックビデオや歌番組に出演する権利を得ることができる。通例、メンバーのうち誰をシングル曲の「選抜メンバー」に選ぶかは、総合プロデューサーの秋元康氏率いる運営側が判断するが、このイベントでは完全にファンの「民意」だけで選ばれし者たちを決めることができるのだ。

ＡＫＢ選挙については、これまで「一人何枚でもＣＤを買って何票でも投票できる」点、そのために「大量のＣＤを購入し自分の推しメンのために何百票も投じるオタクがごろごろ存在する」点などが、よくメディアで報じられてきた。そして世間では、「なぜたかがアイドルの人気投票ごときで、大量のお金を使うのか」という、その異常とも思えるファンの行動が取りざたされがちだった。

しかしAKBファンにとって、総選挙というのは年に一度の重大事だ。なによりそれは、自分が応援している「推しメン」が選抜メンバーに入れるかどうかを決める一大事である。順位も重要だ。順位が高いほど、ダンスのポジションもより前のほうになり、カメラに映る回数が増えて露出も増える。こうしたことは、そのメンバーの今後の芸能人生を占ううえで非常に重要な意味をもつ。選抜に入るということは、そのメンバーの人生を大きく変えるまたとないチャンスになりうるのだ。だから選抜総選挙というのはファンにとって、自分の「推しメン」に重要なチャンスを与えることができる、またとない機会なのである（しかもAKBの総選挙では、下位のほうほど得票数が少なく、たった数十票の差で大きな違いをもたらしてしまうことがある。だからなおさら、ファンはなるべく多くの票数を投じようと真剣になるのだ）。

選抜総選挙の「熱さ」についてはいくらでも語ることができるが、ここではあくまで「恋→愛システム」との関わりにしぼって考察を進めよう。先ほど、「恋→愛システム」というのは、ロマンチックラブ・イデオロギーに見られるように、瞬間的で刹那的な「恋」の衝動を長期的で永遠な「愛」に結び付ける〈接着剤〉にほかならないと定義した。そしてAKBでは、この「恋」から「愛」に至る道筋が、いわば「恋」から「愛＝政（投票）」へと、（入り口は同じでも）出口が置き換えられている点に特徴がある。

本稿で見てきたように、AKBにハマるきっかけというのは、例えば劇場での「一目惚れ」のように、極めて利那的な瞬間にある。それは教室での恋の始まりとさして変わることがない、ごくごくありふれた「恋」の感情にすぎない。普通の恋愛では、こうした些細な「衝動」から入って、「愛」という永遠の関係への昇華を夢見る。しかしAKBでは違うのだ。そこで夢見るのは、自分が恋している／推しているメンバーの人生の「成功」である。そこでは、メンバーへの「愛情（長期的な幸せを願う感情）」が、「投票」という擬似政治的な行為に置き換えられる。二〇一一年におこなわれた第三回総選挙で、二位にランクした大島優子が「みなさんからの票は愛です」と大勢のファンの前で述べたように、まさにAKBの総選挙というのはファンたちの愛の結晶なのだ。そこでは、大胆にも政治と恋愛が結び付けられてしまっている。

なにをバカなことをいっているのか、と思われるかもしれない。しかしAKBでは、実に見事にこの「恋→愛＝政」のプロセスが用意されているのである。はじめは劇場のような場所で一目惚れの経験をする。するとCDを買って握手会に行くようになる。一目惚れした相手である、会いに行きたいと思うのは自然なことだ。そしてどんどんそのメンバーと親密になりたいと思って、あれこれ考えるのも自然なプロセスだ。こうして握手会に通い詰めているうちに、どんどんメンバーとの関係性は親密になる。さらにそのコのパフォーマンスを追いかけているうちに、「成長を見守る」という感覚が芽生えていく。そしてそのメンバーが抱いている夢も知るようになる。ファンとしては、そのコの夢をかなえたいと思うようになる。それをかなえてあげるためにファンができる手段は何か。その一つが選抜総選挙での投票だ。もし選挙で順位が上がれば、次の握手会でその喜びを共有することもできるだろう。その顔を想像しただけで、投票しないなどという選択肢はありえなくなる。

このようにＡＫＢというのは、実に奇形的に進化したシステムである。それは当初、擬似恋愛としてのアイドルとして出発したにもかかわらず、選挙という政治システムを擬似的に取り込むまでに至っている。おそらくこんな異様なものが大きな人気を博しているのは、世界広しといえども日本だけだろう。

まとめと考察

ＡＫＢの仕組みについては、まだまだいくらでも語ることがある。しかし本稿の紙幅は残り少ない。また本稿では「劇場→握手→選挙」の順で、あたかも選挙がゴールであるかのように書いているが、必ずしも選挙だけがＡＫＢのファン活動の最終目標というわけではない。ただここでは、ＡＫＢにハマるファンの行動・心理をあくまでモデルケース的にわかりやすくするために、このような書き方にした。

いずれにせよ、ＡＫＢというのは、既存の「恋→愛システム」と入り口こそ近いけれども、「恋→愛＝政システム」という形で出口が異なっている、と先ほど述べた。本稿では最後に、この点をめぐって、それがいかなる意味を現代社会でもっているのかについて考察しておこう。

第一に、ＡＫＢの特徴は、参加の敷居が低いと同時に、比較的長期的な関係性を築きやすい点にある。ＡＫＢにハマるのは、極めて簡単だ。それこそ「一目惚れ」とまでいかなくても、誰か一人気になるコがいれば、まずそのコを推しメンにする。そして握手会などに行ってどんどんそのコの魅力にハマっていく。ＡＫＢのファン活動も、基本的にはＣＤを買ったり握手会に行ってレポを書いたりなど、特に参加のハードルが高いわけではない。だがその一方でＡＫＢでは、メンバーとの長期的な関係（絆）を結ぶことができる。ＣＤが発売されるたびに握手会に行って、ファンとして認知されることだってある。選挙で投票することで、そのコの人生上の一大事に関わることだってできる。ＡＫＢというのは「成長を見守るアイドル」だといわれることがあるが、まさにそれは運動会や学芸会で娘の成長を見守る親の心理に近い。もちろん、本当の親子関係に比べればそれは「短期的」で「希薄」な関係に見えるかもしれないが、逆にいえば本当の親子関係をつくるよりもずいぶん参入のハードルが低いにもかかわらず（なによりＣＤを買うだけで参加できるのだから！）、親子関係に近いような関係性を、ＡＫＢでは取り結ぶことができてしまうのだ。

第二に、ＡＫＢでは恋愛にとって重要である「情熱」がかき立てられるよう、さまざまな仕掛けが用意されている。ここまで見てきたように、ＡＫＢでは劇場、握手会、総選挙と、ファンをよりハマらせるためのアーキテクチャがあちこちに施されている（運営側が自覚して、意図して設計したというよりも、偶然の結果としてそのように作用しているものも多い）。はじめはそれこそ「ゲーム感覚」でＡＫＢにハマっていたとしても、どんどん「本気」でメンバーへ愛や応援を傾けるようになる、行動や感情の導線が引かれているのだ。

通常、こうしたＡＫＢの特徴は、「秋元康は本当にオタクから搾取する商売がうまい」といった形で、主にビジネス的な観点から語られる（揶揄される）のがせいぜいである。しかし筆者から見れば、これは単なるビジネスの問題などではなく、まさに現代社会での「恋愛」の行方を考えるうえで極めて重要なことなのである。

現代では、ロマンチックラブなどといったものはとっくに「過去の遺物」となってしまった。もともと西欧で「恋愛（ロマンチックラブ）」が始まった背景には、キリスト教的な「神への愛（祈り）」をベースに、（階級の異なる）貴婦人への情熱的な愛を訴えるという形式があった。階級が異なる貴婦人だから、本当は自分と恋愛などしてはいけない対象なのだ。そんな「恋愛不可能」な相手だからこそ、ますます自分の衝動は燃え上がる。自分の理性では抑えられない情熱がわきあがってしまう。それがロマンチックラブというものだった。

しかし残念ながら、高度にコミュニケーション手段が発達した現代情報社会では、そうした「不可能な愛」に燃え上がるなどということは、誰にでもできることではない。人間関係の流動性も上がってしまった。出会い系サイトのように簡単にマッチングできる仕組みもあり、性に対する規範意識も限りなく緩くなっている。だから、「永遠の愛を誰か一人に傾ける」などといったことはバカらしくも思えてくる。さらに、昨今の日本社会の状況を考えると、誰か一人の相手と結婚して子どもを産んでというロマンチックラブに合理的なリアリティをもてないのも当然だ。長い不況が続き、政治・経済の先行きも不透明だから、結婚をして家族をつくって子どもを産むということに積極的な希望が抱けないのである。

だったら、ゲーム感覚で相手をコロコロ入れ替えながら恋愛やセックスを楽しむほうが、退屈な日常をやり過ごすにはずっと都合がいい（櫻井圭記氏が触れている「セフレ（セックスフレンド）」の台頭などはまさにその一例だ）。「一人の相手との永遠の愛を誓い合う」などといったロマンチックな恋愛を夢見るのではなく、取っ替え引っ替えでゲーム感覚の恋愛を楽しむこと――いわゆるロマンチックラブの機能不全が近年の日本社会で全面化していることは、周知のとおりだろう。

しかし、そこに現れたのがＡＫＢだ。それは一言でいえば、ゲーム感覚で気軽に参加できるにもかかわらず、いつのまにか「不可能な愛」「永遠の愛」といったロマンチックラブの理念に限りなく近い経験を得ることができる、極めて奇特なシステムである。冒頭でも述べたように、いくら握手をしようが、いくら投票をしようが、ＡＫＢのメンバーと本当の恋愛をすることはできない（だから、しょせんそれは擬似恋愛にすぎない）。しかしそれは言い換えれば、ＡＫＢでは、まさに「不可能な愛」としての「永遠の片思い」が体感できてしまうということでもある。しかもその応援する推しメンの人生をほんのわずかでも支えることができるし、夢を共有することもできる。「永遠の愛」とまではいかなくても、「数年・十数年単位の夢」くらいは共有できる。これは、流動化が進み関係性の希薄化が進む現代社会では、実に驚くべきことである。

言い方を変えれば、ＡＫＢというのは、ロマンチックラブに比べてローコスト（参加の敷居は低い）・ハイリターン（長期的な関係性を得られる）な仕組みなのである。入り口ではゲーム感覚で簡単に参加できるのに、出口ではロマンチックラブに近い絆を得ることができるのだ。そう考えれば、かなりの数の若者たちがＡＫＢに過剰なまでにハマるのもよくわかる。そこでは恋愛よりもコストが低くリターンが多く得られるからだ。これは経済的に考えれば（機能主義的に見れば）、実に当然のことだろう。

だから、次のようにいうこともできる。先ほども述べたように、ＡＫＢは「恋↓愛システム」の「奇形（擬似形態）」であるように見える。なによりそれは政治システムまで取り入れることで、ロマンチッククラブに代わる「恋↓愛＝政システム」として進化してしまっているのだから。しかし、実はそれは、流動化が進み、誰もがロマンチッククラブに至ることができない現代社会での、ある種のオルタナティブな「適応形態」ともみなしうるのではないか、と。

最後に

こうした筆者の視点には、抵抗を感じる読者も多いだろう。「ＡＫＢが恋愛の現代的な適応形態だと？」「そんなものがはやってしまうからこそ、ますます若者が本当の恋愛をしなくなり、ますます少子化も進むばかりではないか」と。まさにそのとおりだ。

しかし、仮にＡＫＢがなくなったところで、流動化が進み、関係性の希薄化が進むこの現代社会の「既定路線」が変わることはない。もはや社会・経済の条件がロマンチッククラブというシステムを支えられなくなっている以上、ＡＫＢがなくなったりするくらいで、若者たちが「本当の恋愛」に再びめざめていくことはないだろう。だとするならば、ＡＫＢというこの異様に進化した――恋愛や政治といったさまざまなシステムを「鵺」的に取り込んで膨大にふくれあがった――システムから、何かを学ぶことはできないのだろうか。ＡＫＢは、本稿で書くことができなかったこと以外にも、普通にはまったく思いもつかないような、さまざまな創意工夫と見事なまでのアーキテクチャ・デザインで満ちている。むしろＡＫＢの異様に進化したアーキテクチャに学ぶことで、それこそ少子化問題に向けた有効な施策を考えることも不可能ではないはずだ。それは倒錯した試みに見えるかもしれないが、筆者にとっては十分にチャレンジングで有益なアプローチである。だから今後も、ＡＫＢについての研究を深めていきたいと筆者は考えている。

あとがき

櫻井圭記

本書は、とびきりすてきな人たちとの出逢いを通じて、まるで事故のように生まれた。だからこそ、僕としては最後の最後に、そのとびきりすてきな方たちの人となりを紹介することで幕を引きたい。

そもそもの事の発端はいまからかれこれ七、八年前、確か二〇〇四年頃に僕が小川克彦先生と出会ったことである。小川先生はいまでこそ慶應義塾大学の教授だが、当時はＮＴＴサイバーソリューション研究所の所長をされていた。そして、僕が勤めているプロダクション・アイジーに来られたとき、たまたま僕が同席したのだ。

当時、僕は二十代半ばであり、小川先生は確か五十歳目前だった。小川先生は、ご自分で開発された多種多様な携帯電話の試作機（そのなかには、腕時計型をしたサイバーな逸品もあったと記憶している）をバッグから次々に取り出しては「ジャーン！」とか言いながら、露骨に見せびらかし始めた。僕が内心、「なんて大人げない……、いやなんて少年の心を忘れない人なのだろう」と感じていたことを、ここで正直に吐露しておかなければならない。

そのあと、話題はあれこれ飛んで、好きなアニメの話になった。僕はどうせ知らないだろうと思いながらも、「『機動警察パトレイバー』という作品が好きです」と告白した。すると小川先生は即座に「ああ、僕も大好き！　『パトレイバー』は傑作だよね。映画もいいけど、テレビもＯＶＡもいい。ちなみにいちばん好きな話数はどれ？」と返してきた。好きな話数!?　仰天した僕があわあわしていると、小川先生は「僕は『二人の軽井沢』がいちばん好きだな。あのときの後藤隊長の心理を想像するとさ……」とすさまじくディープなアニメトークを展開し始めた。僕が内心、「この人、普段ちゃんと仕事してるのかいな？」と考えたことも、ここで正直に吐露しておかなければならない。

そのあと、さらに話題が変わり、小川先生は「君はどんなアニメつくってんの？　脚本家なんでしょ？」と聞いてきた。『攻殻機動隊 S.A.C.』というＳＦ作品です」とタイトルを出すと、「それ、今度見てみるよ」と言って、先生は帰っていった。その手の台詞《せりふ》はたいてい、というか、九九パーセント社交辞令だ。しかしその一週間後、小川先生から電話がかかってきた。同作品をレンタルビデオ店で探したものの、貸し出し中ばかりで頭にきた小川先生は、ＤＶＤをその場でなんと全巻大人買いして、二十六話を一気見したのだそうだ。全巻そろえようとすると相当な金額がかかる。アニメＤＶＤはなぜかくも高いのか。アニメ業界に身を置いている僕自身にも謎だ。でも、その恩恵を受けているのだから、もちろん文句は言えない（とはいえ、本当にその恩恵を受けているのかどうか、疑問なときもある）。

「面白かったよ。特にタチコマの話数がよかった。でもあの場面で、素子はさ……」。そう話し始めた小川先生の勢いは止まらなかった。そのとき僕が内心、「どの携帯電話でかけてきているのだろう」と思っていたことを、ここで正直に吐露しておかなければならない。

小川先生はその後、NTTを退職して慶應義塾大学SFCキャンパスの教授に就任された。そこに僕は何度かゲスト講師として呼んでいただいた。あるとき、セフレと若者の恋愛事情について話したところ、大反響を呼んだ。講義が終わって駅に向かうバスに乗っているとき、受講していた女子学生二人がわざわざ「面白かったです！」と声をかけてきてくれたのだから、大反響だったことは間違いない。その言葉が社交辞令だった可能性は認めない。あるいはまた、たった二人の意見をもって、講堂にいた数百人の学生の総意と言えるのかという統計学上の問題については、この際、目をつぶることにしたい。

小川先生は、慶應義塾大学のような由緒正しい大学の講堂で「セフレ」などといういかがわしい言葉を連発する僕を冷ややかに見ているかと思いきや、逆に「その話、面白いから、もっと大々的にやろう！　もっと人集めてさ!!」と言いだした。

こうして二〇一〇年十一月、ORFでの平野啓一郎、濱野智史、僕の鼎談が実現することになる。

お会いしてみると、二人ともとびきりすてきな方だった。

まずは平野啓一郎さんから。略歴などはいまさら僕が述べるまでもないほどの著名人だと思うので、いっそ略するまでもなく割愛してしまいたい。

背が高い。それが第一印象だ。そしてオシャレ。コートからバッグから、ことごとくオシャレだ。見るからに質が良くて、でも少しもいやみではない。これで京都大学在学中に芥川賞を受賞した小説家だっていうんだからイヤんなっちまう！　しかも、奥さんはスーパーモデルとくらあ!!と初対面でいきなりヤサグレそうになったことを、ここで正直に吐露しておかなければならない。

でもヤサグレていても仕方がないので、僕は丁寧に挨拶をして、名刺交換をした。でも平野さんに渡された名刺がこれまた、見たこともないくらい凝っていてカッコよかったので、うっかりまたヤサグレそうになった。

鼎談での平野さんの話はとても面白かった。「分人」という発想そのものは、アーヴィン・ゴッフマンの「フレーム論」に通底しているかのように感じられながら、日本語による命名によって概念の印象がガラリと変わるのだから面白い。やっぱり平野さんは日本語を自在に操る、正真正銘の「達人」なのだ。

濱野智史さんは、僕が知っている人のなかでも群を抜いて頭の回転が速い。そして、なによりも話がメチャクチャ面白い。全然関係ないかのように見えていたアッチの話とコッチの話が、瞬く間につながっていく。聞いているだけでうっとりする。僕が女だったら間違いなく惚れていただろう。実際、そのあと、僕は濱野さんと何度もプライベートで飲みに行ったが、常に話が面白かった記憶しかない。最近では濱野さんもすっかり著名人になってしまい、そのうえＡＫＢにもハマっているのだから、多忙を極めている。僕などに割いている時間は、もうないかもしれない。でも、またどこかで一緒に飲みに行きたい。会えばきっとまた、「僕もこんなに頭の回転が速かったらなあ！」とうらやむ気持ちになるだろうが、それでもかまわない。だいたい僕は、ない物ねだりはしない主義だ。と必死に思い込もうとしているが、実はやはりちょっとうらやましく思うだろうことは、ここで正直に吐露しておかなければならない。

木原民雄さんは、小川先生とかつて仕事をともにされていた研究員で、二回の鼎談ではいずれも司会進行を務めてくださった。木原さんは、世の中のいろんなことにアンテナを張っている方だ。紙媒体の新聞・雑誌、書籍だろうが、ネットの記事だろうが、情報の入手と選別の仕方がすさまじく洗練されている。そのうえ、常にデジタルツールを操りまくり、常に神出鬼没で、常においしい店を知っている。根っからの仕事人間かと思えば、一方ではお二人の息子さんをこよなく愛する家庭人でもある。下の息子さんは僕の娘と同い年だが、うちの娘は携帯電話さえ握ったことがないのに、彼は小学校にあがる前からデジタルカメラを自在に操るほど洗練されている。仕事に家庭にオールラウンドに活躍する木原さん。この本が少しでも読者にとって有益な書籍になっているとすれば、その功績はすべて木原さんのものである。という事実を、若干の悔しさをもって、ここで正直に吐露しておかなければならない。

さて二〇一一年に二回目の鼎談が開催されることになり、今度はさらに規模を拡大するという話になった。二回目は女性論者を呼ぼうという話になったとき、真っ先に僕の頭に思い浮かんだのが金益見である。金さんは、読んでいるこっちのハートが熱くなるブログを書いている。それにいまだに門限があり、その刻限が二十二時半という正真正銘の深窓の令嬢だ。これでも大幅に緩和された方で、高校時代に至ってはその刻限は十七時だったというのだから、これはもう筋金入りだ。僕は、こういう方の観点からぜひとも恋愛を論じてもらいたいと思った。好都合なことに、金さんは『ラブホテル進化論』という本を出版されたばかりであり、しかも賞まで取っていて、時の人である。そこで、面識はなかったが、〝エイヤッ〟と出版社を通じて連絡した。金さんからは色よい返事をもらうことができた。鼎談のために妹さんと一緒にわざわざ神戸から上京してくださった金さんの誠意を、僕は決して忘れない。

赤坂真理さんは、僕の永遠の憧れの人だ。僕が赤坂さんに魅了されている点はいくつもあるが、なによりも、ご自分の小説『バイブレータ』が映画化されたときに、「自分の小説よりも映画の方が面白いよね」と、こともなげにさらりと言ってのけたことが強烈に印象に残っている。原作者は、自分の作品が別媒体の作品になったとき、九九パーセントの確率で悪口を言う。それは仕方がないことである。自分の作品ではないのだから、納得がいかないことも多いだろう。仮に悪口を言ったとしても、非難すべきではないと僕は思う。だからこそ、そこで「自分の作品よりいい」と口にする姿勢は僕は感嘆に価すると思う。そういう原作者ばかりだったら、アニメ業界に身を置く人間は、もう少しラクに生きていけるだろう。

今回の鼎談にお呼びしたときも、きっと赤坂さんはいやだったにちがいない。それでも、「さくちゃんがそう言うなら行くよ」と言ってくれたことに、僕は無限の感謝を述べたいのだ。何としてもこの恩は返したいと思っている。いずれ、精神的な形で。

木村亜希さんは、大学時代の一つ下の後輩である。僕が通っていた大学は選択する第二外国語によってクラス分けされていたが、そのとき韓国語クラスの後輩だったのが木村さんだ。当時から圧倒的なオーラを放っていて、確か、彼女の周囲に近づこうとする悪い虫を蹴散らす親衛隊のような組織さえあった。容姿だけでなく、その言動も他の追随を許さぬ天衣無縫ぶりで、いまはその特異性を生かしてコピーライターをされている。賞をいくつも受賞している、超のつく売れっ子だ。ちなみに、木村さんのブログもまた格別に面白い。しかしブログの文章は短いので、僕は木村さんが書くまとまった長い文章が読みたいとずっとずっと思っていた。だから、いまは産休をとっている木村さんに、先輩風を吹かせて今回の原稿を強引にねじ込んだ。せっかく本を出すのなら、僕は書くだけでなく、読みたいのである。産休中に無謀なことを押し付ける名ばかりの先輩の非礼を深くお詫びしたい。そして、引き受けてくれてありがとう。

最後に、矢野未知生さん。青弓社の編集者だ。浅見克彦さんとの対談の話をいただいた際に、試しにORF鼎談の書籍化の話をもちかけたら、二つ返事でOKだったので逆にこっちがビックリした。僕としては、鼎談のテープ起こしを収録するだけでなく、それぞれの論者の書き下ろしの文書をどうしても収録したかった。無駄に水かさだけ増したような鼎談本にはしたくなかったからだ。

かといって、恋愛のハウツー本みたいなノリにするのもいやだった。ちょっとエッチっぽいカバーデザインにすることには大いに賛成した。

矢野さんは、小川先生のこだわり、木原さんの細かな注文、そして多忙を極める濱野さんや傍若無人に企画を振り回す僕に、最後まで根気よく付き合ってくださった。矢野さんがいなければ、これだけのとびきりすてきな人たちの言動を、一冊の本にまとめることは不可能だっただろう。矢野さんに心から感謝の意を表したい。そして、僕がすでに書き終えている芥川龍之介の本も出してくれよと、ここで再度、頼んでおきたい（笑）。

最後の最後に。僕の子どもたちにも最大限の謝意を表したい。編著という立場は初めてだったが、いろいろな個性ある執筆家の方々とともに一つの本をつくるのには想像以上の苦労があった。そんななか、アンパンマンではないが〝愛と勇気〟を与えてくれたのは、最愛の娘・ことはと、最愛の息子・瑞記である。編集作業のさなか、彼らと定期的に会い、遊びに出かけるという心の癒しがなければ、僕は途中ですべての作業を放り出していたことだろう。この場を借りて、彼らへの謝意と愛を表するものである。

僕の周りにいるとびきりすてきな人たちの紹介は以上だ。

「とびきりすてきな人たちだ」とさんざん流布しておきながら、「全然、すてきに聞こえないぞ」という読者諸氏もいるかもしれない。だとしたら、それは単に僕の文章がマズイのである。彼らのもっているとびきりのすてきさについては、いささかなりとも疑う余地がないことをここに改めて明言しておく。

とびきりすてきな人たちについて述べた文章までもがとびきりすてきだとはかぎらないということを、最後の最後で正直に吐露しておかなければならない。

［著者略歴　五十音］

赤坂真理（あかさか・まり）
1964年生まれ
小説家
著書に『ヴァイブレータ』『ミューズ』『モテたい理由』（いずれも講談社）など

金益見（キム・イッキョン）
1979年生まれ
人間文化学博士、大学非常勤講師
著書に『ラブホテル進化論』（文藝春秋）など

木村亜希（きむら・あき）
1978年生まれ
コピーライター
カンヌ国際広告賞金賞など受賞
東京コピーライターズクラブ会員
2004年開設の blog「コピーライターＨＲ（ホームルーム）」はそろそろやめるかと悩み中

平野啓一郎（ひらの・けいいちろう）
1975年生まれ
小説家
著書に『日蝕』（新潮社）、『ドーン』（講談社）、『かたちだけの愛』（中央公論新社）など

［企画協力］

木原民雄（きはら・たみお）
1965年生まれ
メディアシステム研究者、メディアアーティスト
博士（情報理工学）

[編著者略歴]

櫻井圭記（さくらい・よしき）
1977年生まれ
アニメ脚本家
著書に『フィロソフィア・ロボティカ』（毎日コミュニケーションズ）、脚本に『攻殻機動隊 STAND ALONE COMPLEX』『xxxHOLiC 真夏ノ夜ノ夢』など

濱野智史（はまの・さとし）
1980年生まれ
情報環境研究者
著書に『アーキテクチャの生態系』（NTT 出版）、共著に『希望論』（NHK 出版）、共編著に『日本的ソーシャルメディアの未来』（技術評論社）など

小川克彦（おがわ・かつひこ）
1954年生まれ
慶應義塾大学環境情報学部教授
著書に『デジタルな生活』（NTT 出版）、『つながり進化論』（中央公論新社）など

恋愛《れんあい》のアーキテクチャ

発行………2012年6月24日　第1刷
定価………2000円＋税
編著者……櫻井圭記／濱野智史／小川克彦
発行者……矢野恵二
発行所……株式会社青弓社
〒101-0061 東京都千代田区三崎町3-3-4
電話 03-3265-8548（代）
http://www.seikyusha.co.jp
印刷所……厚徳社
製本所……厚徳社

ISBN978-4-7872-3341-7 C0036

谷本奈穂

恋愛の社会学

「遊び」とロマンティック・ラブの変容

アプローチの仕方や別れの理由から、結婚や別れの決断を先送りし曖昧な関係性を享受して遊戯的な恋愛に自閉する若者たちを浮き彫りにする。恋愛を追求する欲望の臨界点を探る。　1600円＋税

守 如子

女はポルノを読む

女性の性欲とフェミニズム

レディコミやＢＬを読み、読者投稿や編集者へのインタビューも交えて、ポルノ＝女性の商品化論が隠している女性の性的能動性を肯定し、ポルノを消費する主体としての存在を宣言する。1600円＋税

谷川建司／王向華／呉咏梅／金益見 ほか

サブカルで読むセクシュアリティ

欲望を加速させる装置と流通

東アジアに遍在するサブカルチャーの具体的なコンテンツを取り上げて、サブカルチャーを駆動させる性への欲望と、性への欲望を再生産するサブカルチャーの共犯関係をあぶり出す。　2000円＋税

鈴木智之／西田善行／小林義寛／山家 歩 ほか

失われざる十年の記憶

一九九〇年代の社会学

「失われた十年」として記憶される1990年代の一面的な理解にあらがい、アイドル、アニメ、小説などの文化や神戸連続児童殺傷事件から、この時代がはらんでいた可能性をすくい上げる。2400円＋税